# 理性的力量

## ——基层公务员自我管理手册

张凤池　著

企业管理出版社

**图书在版编目（CIP）数据**

理性的力量：基层公务员自我管理手册/张凤池著．—北京：企业管理出版社，2015.6

ISBN 978－7－5164－1066－0

Ⅰ.①理… Ⅱ.①张… Ⅲ.①公务员－工作－中国－手册 Ⅳ.①D630.3－62

中国版本图书馆CIP数据核字（2015）第114472号

---

**书　　名：**理性的力量——基层公务员自我管理手册
**作　　者：**张凤池
**责任编辑：**尹洁净　笑　言
**策划编辑：**闫书会
**书　　号：**ISBN 978－7－5164－1066－0
**出版发行：**企业管理出版社
**地　　址：**北京市海淀区紫竹院南路17号　邮编：100048
**网　　址：**http：//www.emph.cn
**电　　话：**出版部（010）68414643　发行部（010）68414644
编辑部（010）68416775
**电子信箱：**80147@sina.com　zbs@emph.cn
**印　　刷：**北京市通州运河印刷厂
**经　　销：**新华书店
**规　　格：**170mm×240mm　16开本　14.75印张　225千字
**版　　次：**2015年6月第1版　2015年6月第1次印刷
**定　　价：**43.00元

---

**版权所有　翻印必究·印装有误　负责调换**

# 前　言

在组织部门工作多年之后，我到一个基层党校任副校长，负责教学工作。那一年，我四十岁。

从那时起，我开始把干部教育培训工作作为我后半生的事业定位。在我的心里，基层干部培训，不仅是我的工作，也是我的责任。

其实，一个干部，或者放大到每一个人，不论从事什么工作，都渴望达成（工作）目标，追求（事业）成功，或者叫做取得（个人）进步，实现（人生）价值。当然，这首先需要一个施展自己能力和才华的平台。而更重要的，是建立在这个平台之上的，一个干部实现目标、取得成功的三根支柱：思维方式、认识方法和前进方向。

任何人都有独立思考的权利，但不是所有人都有正确的思维方式。

每个人都想正确地认识事物，但不是所有人都能选择正确的认识方法。

很多人都在奋力前进，但不是所有人都能把握住正确的前进方向。

2005 年 6 月 28 日，李嘉诚先生在汕头大学、长江商学院“与大师同行”系列讲座发表谈话，其中有言：“自我管理是一种静态管理，是培养理性力量的基本功，是人把知识和经验转变为能力的催化剂。”窃以为，建立正确的思维方式、选择正确的认识方法、把握住正确的前进方向，也是自我管理的重要内容，更是培养理性力量的基本功。

一只木桶盛水的多少，取决于最短的那块木板。那么，一个人，或者一个组织，要实现目标，取得成功，也要首先补长自己的短板。只有补长了短板，才能达到“问题最小化”。“问题最小化”也就是“效益最大化”。

建立正确的思维方式，把握正确的认识方法，掌握正确的前进方向，就能让我们前进的道路、我们奋斗的事业“问题最小化”，也就是让我们的人生“效益最大化”。

**张凤池**

**2015 年 5 月**

# 目　录

## 上篇：思维方式

## 中篇：认识方法

## 下篇：前进方向



## 附篇：案例剖析

# 上篇　思维方式

# 第一章　物随心转，境由心造

伽叶：有业必有相，相乱人心，如何？

佛曰：命由己造，相由心生，世间万物皆是化相，心不动，万物皆不动，心不变，万物皆不变。

——六世达赖喇嘛仓央嘉措《问佛》

方式，简单地说，有两层含义。

第一，指的是说话做事所采取的方法和形式；

第二，指的是可用以规定或认可的形式和方法。

但不论从哪一种层面上讲，方式都是在一定的生产力发展水平条件下，表现出来的人类的自然科学和社会科学的技术发展水平，包括经济、文化发展水平、管理科学技术发展水平等。

本书要谈的，是思维方式。

所谓思维方式，就是人们认识事物的途径和思路。简单说，就是看待事物的角度。由于看问题的角度不同，人们的思维方式也不尽相同。

## 一、心有灵犀一点通

思维方式是沟通文化与语言的桥梁。

德国语言学家、比较语言学创始人之一威廉·冯·洪堡特说过："每一语言里都包含着一个独特的世界观。"这一论断说明不同的语言体现不同的世界观，反映认识现实的不同思维方式。

威廉·冯·洪堡特不仅是语言学家，也是著名的教育改革者、卓有成就的哲学家以及外交官。他一生研究过多种语言，包括巴斯克语、爪哇语，还有汉语，其"语言左右思想"之论，自然不为妄言。

林语堂先生《吾国与吾民》一书，以一种整体式的笔触向人们展示了

一位文化学者眼中的中国，其方方面面的精细描写让人重新认识一个伟大的国家。其论“语言与思想”，与洪堡特颇有近似之处：

“中国文学手段，即中国语言之语格，实为决定中国文学特殊发展的主要因素。与欧洲语言一加比较，很可以循索出中国思想与文学之特殊性，乃单纯地受所谓单音语言的影响，其程度至深。”（林语堂《吾国与吾民》第七章第二节）

**1.“如来拈花，迦叶微笑”**

中国人的传统思维方式是一种具象思维。这是一种诗意的思维方式，凭借其诗意的混沌性和模糊性，在“物我两忘”中进入“天人合一”的视野和境界。具象思维偏重人文，注重伦理道德，崇尚整体印象，标举和谐之美，强调直觉感悟，通过内在的体味，以达到某种悟境。

所以，“如来拈花，迦叶微笑”传为佳话。

世尊在灵山会上，拈花示众，是时众皆默然，唯迦叶尊者破颜微笑。世尊曰：“吾有正法眼藏，涅盘妙心，实相无相，微妙法门，不立文字，教外别传，付嘱摩柯迦叶。”（《五灯会元》卷一）

在灵山会上，大梵天王以金色波罗花献于释迦牟尼，并请其说法。释迦牟尼只是手拈菠萝花遍示大众，却安然不语。大众不解其意，惟有大弟子摩诃迦叶尊者妙悟其意，破颜微笑。于是，释迦牟尼便将不立文字的教外别传法门付与迦叶，以承衣钵。

**2. 天使的翅膀**

西方人的思维方式则是一种抽象思维，它试图从物象的类别中提出该类物象的共相，再抽象概括，将各类物象的共相归在一起。抽象思维强调逻辑，注重自然，崇尚科学，偏重从简单到复杂、从具体到抽象、从现象到本质的条分缕析，以达到理性的认识。

所以，“理念世界”被奉为圭臬。

为了说明仙女在飞，中国人会在仙女旁边画上几朵白云；为了说明天使在飞，西方人就在天使背后加上一双翅膀。

其实，恰恰是因为翅膀，西方人才得出了“鸟是会飞的动物”的结论。

当然，西方人不仅凭借经验得出了“鸟是会飞的动物”、“果实是可食的植物”的结论，而且也根据事物的特征和本质提出了科学概念和理论。

要把“牛、草、猴子”三件事物凭第一感觉，迅速分成两个小组，中国人倾向于选择“牛、草”一组，原因是“牛会吃草”；西方人则更加倾向与选择“牛、猴子”一组，原因是“都是动物”。

与东方人更加关注事物与事物之间的联系不同，西方人更加关注事物的属性。

因为在西方人眼中，从属性上看，天使是神的使者，居住在天上，自然要有翅膀。

天使有翅膀，意义正在于此。

**3. 老虎与猴子**

阎润涛先生有一篇奇文，从老虎与猴子的天性之差异，以及驯化方法之区别，来探寻东西方文化的差异。对其结论，笔者不敢苟同，但其思考角度及行文笔法，倒是非常有趣。其中说：

其实在西方人看来，老虎也应该怕打。棍棒交加，肯定能把老虎打怕，然后打服。只要服了，因循利导就能驯化成乖猫。大棒加牛肉，久而久之就找到了驯虎的门路。直到把虎驯的肯让美女把头放入虎口。相反，中国人谈虎色变，从未有人敢想过能把那见人就一口咬死的猛虎驯服。第一次看到西方人让老虎把嘴张开把美女的头放入虎口以为那虎肯定是假虎。所以，中国人没有玩虎的。

然而西方人驯化不了猴子。因为猴子是群居动物，群居动物就要有统治者也就是猴王。猴王如何产生？那天下是一级一级地打下来的。……西方人棍棒打不服猴子，久而久之也就放弃了。中国人有办法玩猴子：把一只欢蹦乱跳的大公鸡在猴子面前用快刀把脖子割断。（阎润涛《西方人玩虎，中国人玩猴：思维方式不同导致文化差异》）

阎先生的结论是：西方人的驯化老虎的直线思维必然带来自然科学的诞生，因为打仗对兵器的依赖程度高。中国人驯化猴子的曲线思维必然带来人的奸诈无比，因为虚幻的情感统治着言行。所以，西方人读《三国演义》，在里边找寻曹操实力变得强大的过程；而中国人看《三国演义》，最佩服的却是诸葛亮的奸诈无比。这是科学只能在西方诞生的原因。中国没有那样的文化背景，不是中国人没有那样的智商。

中国人长于总体把握，而西方人长于条分缕析。中国人善归纳，所以善于总结经验，而西方人重演绎，所以善于发现规律。中国人主要从整体结构思考问题，因而强调群体，提倡整体的进步，而西方人大多关注具体问题和细节，因而强调个体，追求个性发挥。所以，中国人更具诗人的气质，而西方人更具科学家的头脑。

也正因如此，同样的水能承载物体，在中国成为“曹冲称象”，而在西方则成为“浮力定律”。中国人从商代开始，观察哈雷彗星3000年，历代典籍中对哈雷彗星做了四十几次记录，详尽地描述了哈雷彗星来地球的形状、时间。但最终却是哈雷根据牛顿“万有引力定律”，计算得出了哈雷彗星76年来一次的规律。

**4. “十字架”与“太极图”**

一个民族的文化方式或生活方式，总是体现着这个民族的文化性格。

易中天先生曾精辟地指出：

> 中国人见面鞠躬作揖，是因为中国人的性格“内向”；西方人见面握手拥抱，则是因为西方人的性格“外向”。外向，所以伸出手去握别人的手；内向，所以伸出手握自己的手。这就正如中国人吃饭用筷子夹，是向内用力；西方人吃饭用叉子戳，是向外用力。一向外，一向内，故西方文化的象征物是“十字架”，中国文化的象征物是“太极图”，一个从一点出发向四面扩展，一个由两极构成在圈内互动。（《闲话中国人·引言·“文化之谜”》）

其实，就算同样是中国人，南方北方也大不一样。易中天先生曾以请客吃饭为例，来说明南方和北方的请法和吃法的不同：

北方人请客吃饭，总是整一桌子菜，盘子叠盘子碗摞碗。那些菜，往往也都很实在，整只的鸡整只的鸭，整只的猪腿或羊腿，总之是大碗喝酒大块吃肉。南方的盘子就要小得多，菜的分量也少得多，几乎一筷子就可以夹完，但花色品种则比较丰富，一只鸡可以做好几种菜，一鱼也可以两吃或三吃。于是北方人就瞧不起南方人了，认为他们小气。南方人也看不上北方人，认为他们傻气。最好玩的是，他们都认为对方虚伪。（《闲话中国人·引言·“看不懂的中国人”》）

在一个丈夫有暴力倾向的家庭，妻子经常被打得遍体鳞伤。自小生活在父母无休止争吵当中的三个儿子，却各自有了不同的想法。老大想的是“人道”：妈妈太可怜了，我以后要对老婆好点。老二想的是“颓废”：结婚太没有意思，我长大了一定不结婚。老三想的则更“另类”：原来，老公是可以这样打老婆的啊！

看来，即使是处于同一环境的一群人，由于思维方式的不同，也会获得不同的启发，得出不同的结论。

**5. 如何把梳子卖给和尚**

“把梳子卖给和尚”，是一个广为传颂的营销故事。

一个营销经理想考考他的手下，就给他们出了一道题，把梳子卖给和尚。

第一个人到庙里卖梳子，和尚说没头发不需要梳子。他空手而归，回来告诉经理，和尚没有头发，梳子无法卖！经理微微一笑，和尚没有头发，还需要你来告诉我？

第二个人来到一个寺庙，找到和尚，把作业说了一遍，说如果卖不出去，就会失业，你要发慈悲啊！在进行无数次讽刺、挖苦、打骂之后，和尚就买了一把。

第三个人来到一个寺庙卖梳子，对和尚说，香客远来，蓬头垢面，对佛不敬，应在每座香案前放把梳子，方便善男信女梳头。和尚觉得有理，就买了10把。

第四个人来到一个寺庙卖梳子，对住持说，凡来进香者，多有虔诚之心，宝刹应有回赠，如备些梳子送给香客，香火会更旺。住持想了想，有

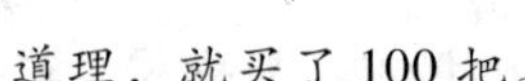


道理，就买了100把。

第五个人来到一个寺庙卖梳子，对方丈说，礼佛保佑平安吉祥，应鼓励香客多行善事。您书法超群，可刻上‘积善梳’三字，作为赠品。方丈听罢大喜，无量佛！立刻买下1000把梳子。

成君忆先生《水煮三国》里，也引用了这个故事，并且把“能把梳子卖给和尚吗?”单列一章。但是成先生同时也在本章结尾的“作者评说”中提醒：

“‘把梳子卖给和尚’是一个被某些人奉为经典的营销故事。然而，这个故事却在鼓励一种商业欺诈，并暗藏着另一种欺诈。如果你对这个故事深信不疑，就意味着你愿意做一只捕蝉的螳螂。如果你并不相信这个故事，却在大肆宣扬，就意味着你是螳螂背后那只阴险的黄雀。”

然而在这里，我们只是为了说明一个道理：即使处于同一环境的一群人，由于思维方式的不同，也会获得不同的启发，得出不同的结论。

当然，也会有各自不同的人生。

## 二、一万个人眼中有一万种风

《哈姆雷特》，一直以来被誉为莎士比亚的巅峰之作，同《麦克白》、《李尔王》和《奥赛罗》一起组成莎士比亚“四大悲剧”。在本剧主角、丹麦王子哈姆雷特的性格问题上，历代批评家发挥了无尽的想象与诠释才能，连莎士比亚自己都说：“一千个观众眼中有一千个哈姆雷特。”

每一个读者的人生经历、价值取向不同，对文学人物形像的理解自然不尽相同。每个人的受教育和知识文化程度不同，所处的社会背景不同，人生价值取向不同，对外界事物的感知能力不同，对同一事物的看法当然也会大相径庭。

### 1. 诗人有感风有情

每个人对事物的看法都不一样，从不同的角度看问题，会得出不一样的结论。

当年鲁迅先生就说，同一部《红楼梦》，“谁是作者和续者姑且勿论，单是命意，就因读者的眼光而有种种：经学家看见《易》，道学家看见淫，

才子看见缠绵，革命家看见排满，流言家看见宫闱秘事……”（《集外集拾遗补编·〈绛洞花主〉小引》）

同一阵风，吹在不同的管弦上，也会发出不同的乐音。

同一阵风，看在不同的人眼里，也会产生不同的感觉。

“大风起兮云飞扬”，在汉高祖刘邦眼中，风是雄浑的。

“黄师塔前江水东，春光懒困倚微风。”在杜甫眼中，风是轻柔的。

“风劲角弓鸣，将军猎渭城。”在王维眼中，风是刚烈的。

“肃肃凉风生，加我林壑清。驱烟寻涧户，卷雾出山楹。”在王勃眼中，风是快意和凉爽的。

“沾衣欲湿杏花雨，吹面不寒杨柳风。”在志南和尚眼中，风是温情的。

“昨夜西风凋碧树，独上高楼，望尽天涯路。”在晏殊眼中，风是冷酷的。

“小楼昨夜又东风，故国不堪回首月明中。”在李煜眼中，风是凄凉的。

“踪迹随风叶，程途犯斗槎。”在范成大眼中，风是萧瑟的。

诗人有感风有情，一万个人眼中有一万种风——刚烈者风骨，阴柔者深美，萧瑟者凄凉。

这就叫做“物随心转，境由心生”。

**2. 你站在桥上看风景**

卞之琳先生的《断章》，是 20 世纪中国诗歌史上传诵最广的佳作之一。

《断章》写于 1935 年 10 月，据作者自云，该诗原在一首长诗中，但全诗仅有这四行使他满意，于是抽出来独立成章，标题由此而来。

《断章》融汇传统诗歌的含蓄与西方象征诗派的暗示，形成了蕴藉丰富、淡远亲切的含蓄与朦胧之美。

你站在桥上看风景/看风景的人在楼上看你
明月装饰了你的窗子/你装饰了别人的梦

而对于这首诗的理解，则历来众说纷纭。

有人说，这是一首哀怨诗。它表现了“人生的悲哀”，因为所有人最后都不免成为别人的装饰。

有人说，这是一首哲理诗。它告诉人们：人，终生只能守住一个“人与人之间永远无法抵达的距离”，只能守望一个“遥远的梦”。

也有人说，这是“在论事物的主体和客体、主动和被动的矛盾统一特性”。

还有人说，这“只是一幅恬静的图画，是诗人瞬间的感受”。

而卞之琳先生自己则说：

“说是情诗也可以，但决不是对什么人表示思慕之情，而是以超然而珍惜的感情，写一刹那的意境。”（《雕虫纪历》）

“我当时爱想世间人物、事物的息息相关，相互依存、相互作用。人（‘你’）可以看风景，也可以自觉不自觉点缀了风景，人（‘你’）可以见明月装饰了自己的窗子，也可能自觉不自觉成了别人梦境的装饰。”（《关于〈鱼目集〉》）

由此可见，诗人意在表现人与人之间、物与物之间的一种相辅相成的关系。

“诗无达诂”。其实，无论哪一种解读都合情合理。因为无论哪一种解读，都是解读者自己眼中的风。

大诗人余光中，曾“仿卞之琳诗意”，作过一首《连环》，也许能让我们悟出点什么：

你站在桥头看落日/落日却回顾/回顾着远楼/有人在楼头正念你
你站在桥头看明月/明月却俯望/俯望着远窗/有人在窗口正梦你

**3. 不识庐山真面目**

暗光下旋转的舞女，有人看到的是往左转，有人看到的是往右转，有人看到的是一会儿往左转，一会儿往右转。

拿刚烧过开水的茶壶去接凉水，一般都是拿掉茶壶盖接水，凉水进去，茶壶里面的热气上升，刚好烧手。我们为什么不想想，茶壶嘴既然能

倒出来热水，难道就不能灌进去凉水吗？

什么是思维方式，现在我们明白了。简单说，就是从什么角度来看问题。

同一枝梅花，有人赞叹其风骨傲霜，有人则感慨其孤寂落寞；同一块石头，有人觉得它冥顽不化，有人则欣赏它坚韧固守；同样是半杯可乐，悲观的人会说“只有半杯”，乐观的人则会说“还有半杯”。同样是看到一个熟透的苹果，有的人可能会认为它象征着一颗热情的心，而有的人则会想到这个苹果与砸在牛顿头上的那个苹果有何不同呢？当初那个苹果是受到怎样力的作用才砸到了牛顿的头上呢？

苏轼《题西林壁》云：“横看成岭侧成峰，远近高低各不同。不识庐山真面目，只缘身在此山中。”

这恰似中国古典版的“盲人摸象”了。

为什么“不识庐山真面目”呢？“只缘身在此山中”！

因为身在庐山之中，视野为庐山的峰峦所局限，看到的只是庐山的一峰一岭一丘一壑，局部而已。

人所处的位置不同，得出的结论当然也不会相同。

**4. 二十二对常用语**

近来网络上有张很火的图，图上是对比的22对常用语。

（一）光阴似箭 VS 度日如年

（二）出淤泥而不染 VS 近墨者黑

（三）兔子不吃窝边草 VS 近水楼台先得月

（四）在天愿作比翼鸟 VS 大难来时各自飞

（五）好男儿宁死不屈 VS 大丈夫能屈能伸

（六）嫁鸡随鸡，嫁狗随狗 VS 男怕选错行，女怕嫁错郎

（七）宁可玉碎，不为瓦全 VS 留得青山在，不怕没柴烧

（八）瘦死的骆驼比马大 VS 拔毛的凤凰不如鸡

（九）三百六十行，行行出状元 VS 万般皆下品，唯有读书高

（十）人不犯我，我不犯人 VS 先下手为强，后下手遭殃

（十一）善有善报，恶有恶报 VS 人善被人欺，马善被人骑

（十二）车到山前必有路 VS 不撞南墙不回头

（十三）一个好汉三个帮 VS 求人不如求己

（十四）退一步海阔天空 VS 狭路相逢勇者胜

（十五）金钱不是万能的 VS 有钱能使鬼推磨

（十六）小心驶得万年船 VS 撑死胆大的饿死胆小的

（十七）得饶人处且饶人 VS 有仇不报非君子

（十八）明人不做暗事 VS 兵不厌诈

（十九）百事孝为先 VS 忠孝不能两全

（二十）邪不压正 VS 道高一尺魔高一丈

（二十一）人定胜天 VS 天意难违

（二十二）双喜临门 VS 福无双至祸不单行

引用这些常用语的意思，倒不是像有些人说的，什么中国语言博大精深啊，什么正说反说都有理啊，而是想说明，由于思维方式的不同，环境的变化，人们获得启发也是不同的。

张捷先生评论说：

“这不是语言的问题而是哲学的问题，中国哲学本来就是有辩证的传统的，在不同的场合有不同的背景和立场，行事的方式就不同，也就是什么成为主要矛盾和矛盾主要方面。这是逻辑不能解决的事情，因为它所说的是逻辑的大前提，不要看逻辑有矛盾，逻辑是有了前提以后的发展。”（张捷新浪博客“谁是谁非任凭说”）

## 三、人生方程式

稻盛和夫，日本著名实业家，“京都陶瓷”公司的创始人，与松下公司的创始人松下幸之助、索尼公司的创始人盛田昭夫、本田公司的创始人本田宗一郎，并称日本四大“经营之圣”。

稻盛和夫在他的著作《活法》中，提出了一个非常有意义的公式：

人生·工作的结果 = 思维方式 × 热情 × 能力

按照稻盛和夫自己的说法，他从年轻时起，就想出了这个关于人生和工作结果的方程式。

“观察许多人的人生，有人幸福，有人痛苦；企业经营亦是如此，有人做得风生水起，有人却怎么也不见起色。如此大的差别究竟从何而来？我从年轻时就开始思考这个问题，结果想出了上述这个方程式。”（《活法》第四章“思维方式决定人生方向”）

在这个方程式中，有“思维方式”、“热情”和“能力”三个要素。

能力，是指顺利完成某一活动所必需的主观条件。

能力决定着人生和事业的成败。

能力也许是先天性的，包括从父母那里遗传的诸多因素，但大部分还是靠后天学来的。所以，我们有理由认为，一个人的工作能力实际上是随着经验而来的。

热情，是指人参与活动或对待别人所表现出来的热烈、积极、主动、友好的情感或态度。

热情是一个人全部工作成果的原动力。

热情就是努力的程度。这种程度因人而异，最低者，是没有干劲、没有雄心、没有活力的懒汉；最高者，是对工作和人生充满燃烧般的热忱、拼命努力的模范。一个人的工作热情跟个人的成长历程有不可分割的关系。

思维方式，是人们观察、分析、解决问题的模式化、程式化的“心理结构”。

思维方式决定了一个人会把自己的才华和精力奉献给哪一个领域的工作，它决定了一个人会走哪一条路。

但是请注意，思维方式最终取决于一个人的个人素质。

所以，建立正确的思维方式也就成了我们形成个体差异的重要手段。

然而，社会千差万别，各种职业、每个人分别适宜于某种特定的思维方式，所以很难说哪种思维方式一定是对的，哪种思维方式一定是优秀的。

当然，具体到某一件事情，优秀的思维方式可能是唯一的，但正确的思维方式却不一定是共同的。

胜利者之所以胜利，首先是因为思维方式的胜利，失败者之所以失

败，首先是因为思维方式的失败。

同样，优秀的人之所以优秀，也恰恰在于他的思维方式优秀。正因为他们的思维方式要先进于其他的人，所以他们看起来在人群里会显得优秀起来。

道理其实很简单，因为一个人智商怎样，做事效率如何，直至最后成功与否，关键取决于他的思维方式。

我们只有先反思自己的思维方式，才能提高我们的思考力水平。而只有提高了思考力水平，才能培养和提升分析、判断、驾驭问题的能力。而这，正是正确解决问题的前提。

任何人都有独立思考的权利，但不是所有的人都有正确的思维方式。

# 第二章　此身虽在堪惊

忆昔午桥桥上饮，座中多是豪英。长沟流月去无声。杏花疏影里，吹笛到天明。二十余年如一梦，此身虽在堪惊。闲登小阁看新晴。古今多少事，渔唱起三更。

——宋·陈与义《临江仙·夜登小阁忆洛中旧游》

## 一、乱花渐欲迷人眼

人们总是习惯用老眼光看新问题，用旧概念去解释新现象。

因为人们在获得知识和经验的同时，也获得了枷锁与禁锢，在学会思维的同时，也学会了屈从于常规和惯例。

故而，苏大学士才有“人生识字忧患始”的感慨。这出自《石苍舒醉墨堂》。

故而，鲁迅先生才有“人生识字糊涂始”的警告。此文最早发表于1935年5月《文学》月刊上。

问题是，我们处在一个新事物、新知识、新经验层出不穷的时代。

在这个资讯爆炸的时代，世界变化万千，科技日新月异，知识的生命周期愈来愈短，社会的演进变化越来越剧烈。

上个世纪八十年代，谁能想像强大的苏联会一夕解体？

在2008年10月金融危机爆发之前，有谁敢说中国会有现在的世界地位？

2010年美国劳工部的调查数据，今天的学生在38岁以前将来会有10～14个工作，25%的工作者在目前所工作的单位工作不超过一年，50%的工作者在目前的单位工作不超过五年。

同样是这一年，美国前教育部长Richard Riley说，2010年需求最高的10项工作在2004年的时候根本不存在，所以我们现在要使学生做好准备

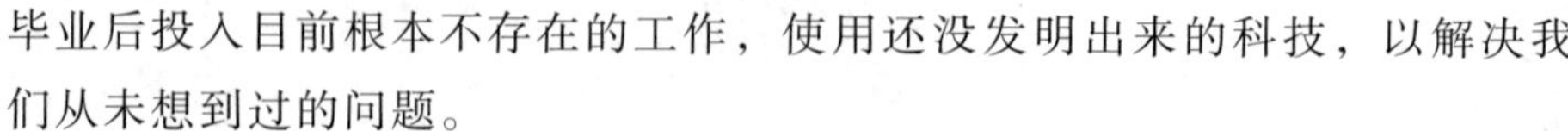


毕业后投入目前根本不存在的工作，使用还没发明出来的科技，以解决我们从未想到过的问题。

到了去年，春天的时候你不一定就能想到，五一期间一棵大白菜15块钱吧？五花肉才10块钱一斤。

新加坡歌手黄靖伦有一首《慢半拍》：

当我还在/对人炫耀你的依赖/和我的愉快
原来我早默默被你淘汰/却根本
不符合这个时代/怪只怪
我自己/总慢了半拍

蓦然回首，可真是应了那句，“二十余年如一梦，此身虽在堪惊”。

在我们的生活经历中，政治和经济似乎从来都是距离我们很遥远的事情，可是，这一次开始于美国次贷危机、接着席卷全球的金融危机，却深刻影响到了每一个人的生活。

笔者的一位小学同学，在家乡的小镇上开了一间小店，经营服装。2009年春节前后，却也深受美国次贷危机之害，生意大不如前。他迷惑不解，美国发生次贷危机，怎么就影响到了我的小店呢？笔者告诉他说：

次贷危机从美国开始，美国人的生活受到影响，对来自中国的产品需求减少。于是从事对美出口的沿海企业，大量减产减员甚至关门。于是，在那里打工的家乡小伙收入减少，甚至被迫回乡。于是，原来准备给父母家人添置新衣服的计划大大缩减甚至取消。于是，你店里的衣服销售受到很大影响。

南宋张炜《马塍》一诗可谓准确的写照：“水拍田塍路半斜，悄无人迹到农家。春风自谓专桃李，也有工夫到菜花。”政治与经济的“春风”，可不就吹到了我们这些平凡的“菜花”头上了么！

面对这样的外在环境变化，我们很容易手足无措。

知识生命周期大幅缩短，过去的成功经验，在变迁中早已不再适用。各位读者朋友，你们也想一想，你能与时俱进，可是你读中学、读大学时

学的那些知识，也能够做到与时俱进吗？

书店里一本又一本书，讲台上一个又一个专家，教我们应该如何如何。我们买了一本又一本书，听了一堂又一堂课，想从中获得答案或者方法与途径，其实换来的是一头雾水——看书前还明白一点，看了书竟然成了一盆浆糊。

倘若还用老眼光看这世界，那可真是“桃花源中人，不知有汉，遑论魏晋”了。

当年，曾经一嗓子就能让歌迷魂飞魄散的崔健，在他写的第一首摇滚歌曲《不是我不明白》中唱道：“不是我不明白，这世界变化太快。”

可是佛法说：“不是世界变化太快，是你的心不够明白。”

所以，不甘于仍然沉醉于回忆之中的我们，不得不重新认识、审视、思考思维方式的问题。

## 二、惊变

“满眼生机转化钧，天工人巧日争新。”（赵翼《论诗》其一）

大自然是在不断变化和进步着的，人们只有用发展的眼光去看事物，才能使自己的思想符合变化着的客观实际。

### 1. 关不住的满园春色

唐敬宗宝历二年（826），刘禹锡被免去和州刺史职务，返回洛阳，不期在扬州，竟然遇到了从苏州归洛的白居易。老友相聚，分外高兴，白居易即席赋诗相赠，刘禹锡便写了《酬乐天扬州初逢席上见赠》酬答。其中“沉舟侧畔千帆过，病树前头万木春”一句，因为深刻地反映了事物的变化发展规律，而广为传诵。

从历史上看，对文明进化过程中出现的突变，人们作出的反应常常是迟钝甚至抗拒性的。

有良好学识的人明白，在电线上传递声音是不可能的；如其可能，那么语音就会变得没有实际价值了。——《波士顿邮报》，1865 年

真要把“电话”当作通讯工具的话，它还是有许许多多的缺点。这个东西对我们本来就是无用的。——西部联合公司内部备忘录，1876 年

尽管电视也许在理论上和技术上是可行的，但从商业和资金方面来讲，我认为不可能。对这方面的发展我们还是少浪费梦想的时间吧。——李·德福雷斯特，三极管发明者，引自《纽约时报》，1926 年

人绝对登不上月球，不管将来的科学多么先进。——李·德福雷斯特，《纽约时报》，1957 年 2 月 25 日

没有理由要每个人家里有一台电脑。——肯·奥尔森，数字设备公司总裁，在国际未来社会大会上的发言，1977 年

（飞机）是有趣的玩意儿，但无军事价值。——马雷夏尔·费迪南·福什，法国高级军事学院院长暨战略学教官，1911 年

（盖伊·川崎和米凯莱·莫雷诺《创新的法则》，转引自王健《是什么在阻碍我们思维创新》，据《新华日报》2008 年 5 月 7 日）

历史总是向前发展的，这是关不住的满园春色。发展了的事物，需要我们不断更新观念，才能适应事物的发展，才能不会落后。

这就是与时俱进。

**2. 与时俱进**

与时俱进一词，最早起源于中国古代文化总源头《易经》，意谓观念、行动和时代一起进步。

1910 年初，蔡元培撰写《中国理论学史》，把散见于中国古书中的“与时偕行”、“与时俱化”、“与时俱新”等激励人的说法概括综合为“与时俱进”。

中国共产党把“与时俱进”与解放思想、实事求是一起，确定为党的思想路线。

亚历山大大帝在与波斯皇帝大流士决战时，果断抛弃了古希腊主要依赖方阵兵团的战法，而是更多的发挥骑兵的机动性，于是他成功了。

拿破仑工程兵出身，于是将工程学引入到战争中，利用大炮远程攻击，因而横扫西欧。但是他拒绝采用铁皮作为船身，所以在与英国对抗中，拿破仑从来没有占得上风。

二战初期，希特勒指挥的德军攻无不克，但因为没有意识到雷达的作用，所以在希特勒寄予厚望的大不列颠空战中，强大的德国飞机军团无论如何也没能够将怂的不能再怂的英国干掉。

坚持发展的观点，在战例研究中既要研究传统战争，也要研究现代战争。“兵无常势，水无常形”，世界新军事变革的飞速发展，几乎强制地、往往是违反指挥官意志地引起作战方式的变革，使战争形态和作战样式随之发生重大变化。在研究战例过程中，我们既要研究传统战争的经验积淀，更要注意研究现代战争的时代特征，在对比中总结现代战争规律。（《“昨天的战争”告诉我们什么》，《解放军报》2012 年 10 月 11 日）

**3. 有笼必有鸟**

当我们突然遇到一件事情的时候，都会顺着过去的习惯去思考，去抉择。

但是我们必须注意到，当我们毫不犹豫地根据已有知识和经验去行事的时候，结果却常常事与愿违。

一位心理学家和乔打赌：“如果给你一个鸟笼挂在你房中，那么你就一定会买一只鸟。”乔同意打赌，并把心理学家给的一只漂亮鸟笼挂在书桌边。结果人们走进来时就问：“乔，你的鸟什么时候死了？”乔立刻回答：“我从未养过鸟。”“那你要一只鸟笼干嘛？”乔无法解释。后来，只要有人来乔的房子，就会问同样的问题。乔的心情因此被搞得烦躁不安，为了不再让人询问，乔干脆买了一只鸟装进了鸟笼里。

心理学家后来说，去买一只鸟比解释为什么他有一只鸟笼要简便得多。

人们经常是先在自己的头脑中挂上鸟笼，最后不得不在鸟笼中装上些东西。

有一天，著名心算家阿尔伯特·卡米洛正在表演心算，忽然有人给他出了一道题：“一辆载着 283 名旅客的火车驶进车站，有 87 人下车，65 人上车；下一站又下去 49 人，上来 112 人；再下一站又下去 37 人，上来 96 人；再再下一站又下去 74 人，上来 69 人，再再再下一站又下去 17 人，上来 23 人……”

那人刚说完，心算大师便不屑地回答道：“告诉你，车上一共还有

……”“不”，那人突然打断他说，“我是请您算出火车一共停了多少站。”阿尔伯特·卡米洛顿时呆住了。（丹尼斯·韦特利《成功心理学（第4版）》，中国人民大学出版社，2009年版）

大象习惯于被一根细绳拴住，所以当火灾发生时，大象不会逃跑，结果被烧死。

驴子驮盐过河，河水减轻了重量，可是后来驴子驮着棉花过河，结果被淹死了。

这就叫做惯性思维，或者惰性思维。

**4. 猴子吃香蕉**

将5只猴子放在一只笼子里，并在笼子中间吊上一串香蕉，只要有猴子伸手去拿香蕉，就用高压水枪教训所有的猴子，直到没有一只猴子再敢动手。所有的猴子在一次次惩罚的强化下，明白了那些香蕉是拿不得的，拿了就要被惩罚。后来，人和高压水枪都不再介入，笼子里的猴子还是不敢去拿香蕉。（据白帆、心一《生活中的心理战术：最妙趣横生的心理学课堂》，新世界出版社，2009年版）

这就是心理学上著名的强化定律实验。

实验的续集是：

用一只新猴子替换出笼子里的一只猴子，新来的猴子不知“规矩”，又伸出上肢去拿香蕉，结果触怒了原来笼子里的4只猴子，于是它们代替人执行惩罚任务，把新来的猴子暴打一顿，直到它服从这里的“规矩”为止。实验人员如此不断地将最初经历过高压水惩戒的猴子换出来，最后笼子里的猴子全是新的，但没有一只猴子再敢去碰香蕉。

有一种鱼叫做狗鱼，富有攻击性。科学家们把狗鱼和小鱼放在同一个玻璃缸里，在两者中间隔上一层透明玻璃，狗鱼试图攻击小鱼，但是每次都撞在玻璃上。慢慢地，它放弃了攻击。后来，实验人员拿走了中间的玻璃，狗鱼仍没有攻击小鱼的行为。

数学家华罗庚讲过一个故事：

如果我们去摸一个袋子，第一次，我们从中摸出一个红玻璃球，第二次，第三次，第四次，第五次，我们还是摸出了红玻璃球，于是，我们会想，这个袋子里装的是红玻璃球。可是，当我们继续摸到第六次时，摸出了一个白玻璃球，那么我们会认为，这个袋子里装的是一些玻璃球罢了。可是，当我们继续摸，我们又摸出了一个小木球，我们又会想，这里面装的是一些球吧。可是，如果我们再继续摸下去……

一旦人们做了某种选择，就好比走上了一条不归之路，惯性的力量会使这一选择不断自我强化，并让你不能轻易走出去。

这就是路径依赖。

## 三、可怕的思维定势

路径依赖，是指人类社会在技术演进或制度变迁中，均有类似于物理学中的惯性，即一旦进入某一路径，就可能对这种路径产生依赖。

路径依赖理论，最初由 Paul · A · David 于 1985 年给出证明，W · Brian · Arthur 作了进一步的拓展。第一个使“路径依赖”理论声名远播的是道格拉斯·诺思，他用“路径依赖”理论成功阐释了经济制度的演进，从而于 1993 年获得了诺贝尔经济学奖。

**1. “铁轨间距”**

路径依赖理论有一个著名的案例是“铁轨间距”：

现代铁路两条铁轨之间的标准距离是四英尺又八点五英寸，为什么采用这个标准呢？原来，早期的铁路是由建电车的人所设计的，而四英尺又八点五英寸正是电车所用的轮距标准。那么，电车的标准又是从哪里来的呢？最先造电车的人以前是造马车的，所以电车的标准是沿用马车的轮距标准。马车又为什么要用这个轮距标准呢？因为古罗马人军队战车的宽度就是四英尺又八点五英寸。罗马人为什么以四英尺又八点五英寸为战车的轮距宽度呢？原因很简单，这是牵引一辆战车的两匹马屁股的宽度。

有趣的是，美国航天飞机燃料箱的两旁有两个火箭推进器，因为这些

推进器造好之后要用火车运送，路上又要通过一些隧道，而这些隧道的宽度只比火车轨道宽一点，因此火箭助推器的宽度由铁轨的宽度所决定。所以，今天世界上最先进的运输系统的设计，在两千年前便由两匹马的屁股宽度决定了！

心理学有个名词，叫做“沉锚效应”，指的是人们在对某人某事做出判断时，易受第一印象或第一信息支配，就像沉入海底的锚一样把人们的思想固定在某处。作为一种心理现象，沉锚效应普遍存在于生活的方方面面。第一印象和先入为主是其在社会生活中的表现形式。

“铁轨间距”可谓一例。

**2. 撞玻璃的小鸟**

实际上，人的经验是会不断在大脑中累积的，这叫做思维方式；而且在实践中又得到进一步强化，这叫做思维惯性；从此形成了牢不可破的心智模式，也就是我们常说的思维定势。

每个人都有不同程度的思维定势，并且不管在做事或说话时都呈现出一种惯性状态。这种思维定势，在人的头脑中形成了支配其行为的巨大精神力量。无论对待什么事情，都会自然而然地顺着过去的习惯去思考，得出结论，付诸实践。

卢贤傲先生讲过一个故事：

在一座无人居住的房子外，一只鸟儿每日总是准时光顾。它站在窗台上，不停地以头撞击玻璃窗，每次总被撞落回窗台。但它坚持不懈，每天总要撞上十来分钟之后才离开。人们猜测这只鸟大概是为了飞进那房间。然而，在鸟儿站立的窗台边，另一扇窗户是大开的，于是人们便得出这样的结论：这是一只笨鸟。后来，有人用望远镜观察，发现那玻璃窗上粘满了小飞虫的尸体。鸟儿每次吃得不亦乐乎！人们怎么也没有想到鸟儿有如此独特的觅食方式，而人类总是按照自己日常的思维方式去评判鸟儿的世界。（《中国青年报》2005 年 1 月 10 日）

卢先生的结论是：“人们在生活中，一旦形成了某种固定观念，就会束缚住自己的手脚，限制住自己的思维，形成可怕的思维定势，成为人们认识事物的障碍。”

司马迁《报任安书》有言："画地为牢，势不可入；削木为吏，议不可对。"在地上画个圈，"犯人"便不敢走出，因为在他的心目中，这就是牢房；见"木吏"而不敢正视，因为在他的心目中，这就是狱吏。

这就是思维定势的可怕！

**3. 阿西莫夫的教训**

美国著名科幻小说家、科普作家阿西莫夫生于1920年，为犹太裔俄籍美国人，三岁时随父母移民美国，定居纽约市。他从小聪明，智商高达160左右，属于"天赋极高"之列，思路敏捷，无所不知。可是阿西莫夫的工人朋友老是跟他开玩笑：

有一次在酒吧里，一个朋友当众问阿西莫夫："有一位哑巴，到五金商店买钉子，因为无法说话，只好做了一个敲钉子的动作。店员看明白后，将钉子卖给他。紧接着，又进来了一个瞎子，他想买一把剪刀，请问他应该怎么办？"阿西莫夫不假思索地立刻说："这还不简单？他只要做了一个剪刀的动作就可以了。"在场的人哄堂大笑。莫名其妙的阿西莫夫这才明白过来：瞎子可以开口说我要买一把剪刀。

能够把人限制住的，只有人自己。一个人一旦进入思维死角，智力就在常人之下。

困难的境遇恰恰是我们的定势思维造成的。

**4. "牛仔大王"的传奇**

1848年的美国加州发现了金矿，掀起了淘金热。李维斯象许多年青人一样，带着梦想前往西部追赶淘金热潮。一天，一条大河挡住西去的路。苦等数日，被阻隔的行人越来越多，但都无法过河。于是陆续有人向上游、下游绕道而行，也有人打道回俯，更多的则是怨声一片。李维斯灵机一动，在河上做起了摆渡生意，生意自然十分红火。不久，过河的人少了，他也到金矿去淘金。接着他发现水居然快抵得上黄金宝贵了，于是，他转而掘井卖水，又着实发了笔财。当更多的人也来掘井时，他又发现人们缺乏挖金耐用的长裤，就把丢弃的帐篷收集起来，缝成了世界上第一条用帆布做的裤子——牛仔裤！由于牛仔裤耐磨耐穿，深受矿工、农夫和西部牛仔们的欢迎，产品供不应求，订单也源源不断地涌来。从此，李维斯

一发而不可收拾，享誉全球。

据说，李维斯在去淘金之前，曾去请教一位成功者，如何快速成功。成功者给了他一封信，告诉他秘密就在这封信里，并要他在遇到重大困难和障碍的时候才拆开。后来，当李维斯被大河阻拦时，他拆开那封信，发现上面写了这样几句话："这个世界没有问题，只是当你的思想发生改变的时候，这个世界就会跟着发生改变！"

**5. 杨朱说狗**

杨朱，春秋战国时期的思想家，字子居，魏国大梁（今河南开封）人。杨朱反对墨子的"兼爱"，反对人与人之间的侵夺，主张"贵生"、"重己"，重视个人生命的保存。"拔一毛而利天下不为"（《孟子·尽心上》），就是孟子对他的评价。

杨朱之弟杨布，衣素衣而出。天雨，解素衣，衣缁衣而反。其狗不知，迎而吠之。杨布怒，将击之。杨朱曰："子毋击矣，子亦犹是。曩者使女狗来白而往，黑而来，子岂能毋怪哉?"（《韩非子·说林下》）

杨朱的弟弟杨布，有一天穿了件白色衣服出门去。碰巧下雨，他把白色衣服脱下，穿着一套黑色的衣服返回家，（反通返）。他家的狗竟然没有认出杨布，迎上去汪汪大叫。杨布非常恼火，拿了棍子就要打狗。杨朱看见了，说："你不要打狗了，你自己也会这样的。假如你的狗出去时是白的，回来的时候变成黑的了，难道你不感到奇怪吗?"

杨朱的意思是，思维定势在给人们带来方便与快捷的同时，也束缚了人们的认知，使其总是按照以往的思维方式思考问题、解决问题，这将导致人们不能更好地适应变化，致使命运的天平偏向失败、荆棘、坎坷的一方。

在追求成功的道路上，请大家思考一下这样一个问题：为什么我们面对同样的环境，不同的人却取得了截然不同的结果，"差距怎么那么大呢"?

“我们的思想多次采取特定的一种路，下一次采取同样的思路的可能性就越大。在一连串的思想中，一个个观念之间形成了联系，这种联系每利用一次，就变得越加牢固，直到最后，这种联系紧紧地建立起来，以致它们的连接很难破坏。这样，正像形成条件反射一样，思考受到了条件的限制。我们很可能具备足够的资料来解决问题，然而，一旦采用了一种不利的思路，问题考虑得越多，采取有利思路的可能性就越小。”（贝弗里奇《科学研究的艺术》）

# 第三章 预支五百年新意

“有两样东西，我们愈经常愈持久地加以思索，它们就愈使心灵充满日新又新、有加无已的景仰和敬畏：在我之上的星空和居我心中的道德法则。”

——德国哲学家 伊曼努尔·康德

成功学家拿破仑·希尔有言：“一个人成功与否，就看他能否突破自我，找到潜在的能量!”

由于人们所处的地位不同，看问题的出发点不同，对事物的认识难免有一定的片面性。要认识事物的真相与全貌，必须超越狭小的范围，摆脱主观成见。

这就是要求我们能突破。

突破，意为打开缺口突破难关。

突破什么？突破心中的藩篱。

## 一、“司马光砸缸”

“司马光砸缸”的故事家喻户晓。

在小伙伴掉进水缸而众人不知所措之时，司马光灵机一动，用石头砸破水缸，救了小伙伴的性命。

在没有措施保护的情况下，人是不能呆在水中过长时间的。人一旦浸入水中，如果要免于淹死，最好也最简单的办法，就是让人和水分离。

让人和水分离的办法有两个，一个是“让人离开水”，一个是“让水离开人”。

长期的社会生活实践让人们知道并记住了，如果有人落水，要想施救，必须“让人离开水”，这是常规的思维模式。

但人们往往忘记了，其实，“让水离开人”，一样能救人性命。这是司马光的思维。

打破，才能得生机。这就是司马光思维的精髓所在，也是“司马光砸缸”的真正精彩之处。

打破就是突破。

**1. 圈里圈外**

美国人 Ken Wilber 写的一本书，书名叫做“No Boundary”，意即“没有界限”，中文译名则颇具佛学智慧——《事事本无碍》。

书里一个简单的比喻：你在一张白纸上画一个圆圈，立刻产生了两个概念：“圈里”、“圈外”。如果画了一条直线，那么一张白纸又可以分成“这边”、“那边”。

其实，这些所谓的“里、外”，“这边、那边”，都是人为设置的藩篱。虽然“不以规矩不成方圆”，但如果规矩太多太死，也会限制人的行为甚至思想。

现在大家明白了，所谓突破，就是给大脑松绑。

但给大脑松绑，却不是一件容易的事情。每个人都被自己固执的观念所控制，大多数人不是不愿被改变，而是抗拒被改变。

就是我们自己，前面我们讲过，为了不烧手，可以从茶壶嘴往热茶壶里灌凉水。可你虽然明白这个道理，但回家后还是按老办法做。是不是？

**2. “桓公服紫”**

齐桓公，“九合诸侯，一匡天下”，是春秋时期第一霸主。齐桓公的一个嗜好，是喜欢穿紫色衣服，结果全国人都穿紫色衣服，紫色布匹的价值，竟然比白绢高出了五倍。桓公很担心，问宰相管仲：“我喜欢穿紫衣服，却不想搞出了这么一个结果。现在紫布价钱那么贵，全国人又都争相购买紫布，发展下去，于民有害、于国不利啊，该怎么办呢？”

管仲出了一个小主意：

管仲曰：“君欲止之，何不试勿衣紫也？谓左右曰：‘吾甚恶紫之臭。’于是左右适有衣紫而进者，公必曰：‘少却，吾恶紫臭。’”公曰：“诺。”于是日，郎中莫衣紫，其明日，国中莫衣紫；三日，境内莫衣紫也。（《韩非子·外储说左上》）

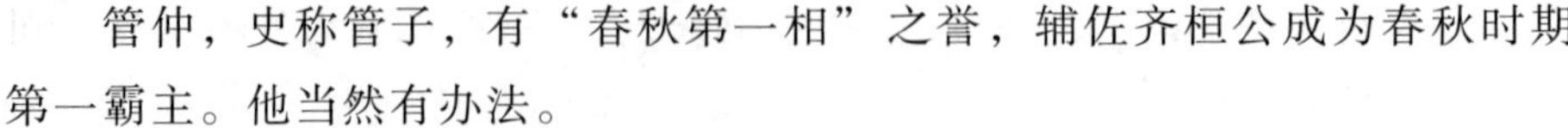


管仲，史称管子，有“春秋第一相”之誉，辅佐齐桓公成为春秋时期第一霸主。他当然有办法。

管仲的办法是：“你首先别再穿紫色的衣服，然后告诉身边左右，你讨厌紫色衣服的味道。”齐桓公立即接受了管仲的建议。果然，这么一来，当天朝廷中就没有了紫色衣服的踪影，第二天，城内不再有紫色衣服出现，三天后，全国都没有人再穿紫色衣服了。

**3. “制衣”和“捉扇”**

冯梦龙讲过两个故事，是关于王导和谢安的：

王丞相善于国事。初渡江，帑藏空竭，唯有练数千端。丞相与朝贤共制练布单衣。一时士人翕然竞服，练遂踊贵。乃令主者卖之，每端至一金。

谢安之乡人有罢官者，还，诣安。安问其归资，答曰：“唯有蒲葵扇五万。”安乃取一中者捉之。士庶竞市，价遂数倍。此即王丞相之故智（《智囊全集·术智部·谬数卷》“王导”条）。

东晋王导官居宰辅，总揽元帝、明帝、成帝三朝国政，是东晋朝的开创者之一，时有“王与马，共天下”之说。

东晋初年，因为刚刚南渡，立国不久，国库空虚，府库中只有数千匹丝绢。解决办法无外乎开源节流。开源之法，一是向治下民众搜刮，一是让官僚富商报效。丞相王导另辟蹊径，与朝中大臣每人制作了一套丝绢单衣，一时间，官员及读书人竞相仿效，于是丝价暴涨。王导随即下令府库管理官员出清丝绢，每匹售价竟高达一两黄金。财政危机暂时解决了。

谢安出身世家，青年时代就声震朝野。他在会稽东山隐居，时人以为“谢安石不肯出，将如苍生何?”后官至宰相。一件小事可见其智慧。

谢安的一个同乡罢官回乡，临行前向谢安辞行。谢安问他旅费可曾筹妥，同乡回答：“手上没有现金，只有五万把蒲葵扇。”于是谢安随手拿了其中一把扇。看到宰相大人手把蒲扇，一时人人效仿，遂成时尚。士人百姓争相购买，于是扇价高涨。按冯梦龙的说法，这也是仿效王丞相的做法。

“上有所好，下必甚焉”，当权者的爱好引导时尚潮流。管仲、王导和

谢安，三位宰相的共同之处，就在于他们都利用了人们的这个心理，不费心力，从从容容、简简单单就解决了复杂、棘手的问题。

**4.“航天局的烦恼”**

有两个关于美国国家航天局（NASA）的故事，流传甚广：

一个故事是，航天局首次准备将宇航员送上太空，但他们很快接到报告，宇航员在失重状态下用圆珠笔、钢笔根本写不出字来。于是，他们用了10年时间，花费两千万美元，发明了一种新型圆珠笔。这种笔适用于失重状态、身体倒立、水中、任何平面物体，甚至在摄氏零下300度也能书写流利。然而，后来他们通过情报渠道得知，苏联宇航员在太空中一直使用铅笔。

另一个故事是，航天局发现航天飞机上的一个零件总是出故障，不是这里坏就是那里坏，花费很多人力物力也无法解决。最后一个工程师提出，是否可以不要这个零件。事实证明，这个零件确实是多余的。

段子：联合利华引进了一条香皂包装生产线，结果发现生产线有个缺陷：常有盒子里没装入香皂。十几个专家组成科研攻关小组，综合采用多种技术，花了几十万，成功解决了问题：每当生产线上有空香皂盒通过，两旁的探测器会检测到，并且驱动一只机械手把空皂盒推走。中国南方有个乡镇企业也买了同样的生产线，老板大为光火，交给一个小工解决。一个小工很快就想出了办法：在生产线旁边放台风扇猛吹，空皂盒自然会被吹走。

这些故事是不是臆造出来的姑且不论，它其实是想告诉人们，有时看上去很复杂的问题，其实有极简单的解决办法。

## 二、“背水一战”

思维总是沿着顺通的水管往前进，丝毫不会注意到身边的其他出口和方向，其实这些出口的外面就是成功的自由天地。

汉高祖三年（公元前204年）十月，汉将军韩信率三万新募之军越过太行山，东向攻打赵国。赵王歇和赵军统帅除余，率二十万兵马在井陉口

（今河北的井陉关）迎战。韩信穿出井陉口后，派两千轻骑兵，携带汉军旗埋伏在赵军营地周围，然后率军渡过绵蔓水，将大军背水列阵。陈余等人大笑不止："韩信背水作战，不留退路，是自寻死路。"双方激战之际，汉军假装败退，退向河岸阵地，赵军全营出击。埋伏的汉军轻骑趁机冲入赵营，遍插汉军旗帜。被追杀到河边的汉军，因为无路可退，只得返身殊死决战。赵军久战不能取胜，想要退回营垒，却发现大营里全是汉军旗帜，以为赵王和主将已被汉军擒获，队伍立时大乱。韩信趁势反击，赵军大败，陈余战死，赵王被俘。

这就是成语"背水一战"的由来。

诸将效首虏，毕贺，因问信曰："兵法右倍山陵，前左水泽，今者将军令臣等反背水陈，曰破赵会食，臣等不服。然竟以胜，此何术也？"信曰："此在兵法，顾诸君不察耳。兵法不曰'陷之死地而后生，置之亡地而后存'？且信非得素拊循士大夫也，此所谓'驱市人而战之'，其势非置之死地，使人人自为战；今予之生地，皆走，宁尚可得而用之乎！"诸将皆服曰："善。非臣所及也。"（《史记·淮阴侯列传》）

大胜之后，诸将请教韩信："兵法上说，行军布阵应该右边和背后靠山，前边和左边临水，这次将军反而令我们背水列阵，乃兵家大忌，还说打败了赵军再吃饭，我等并不信服，不想竟真取得了胜利，这是什么战术啊？"

韩信解释说："兵法上不是说了么，'陷之死地而后生，置之亡地而后存'（这一点韩信不是忽悠，《孙子兵法·九地篇》确有'投之亡地然后存，陷之死地然后生'之句）。我们是新募之军，缺少训练，好比是赶着街市上的百姓去打仗。在这种形势下，惟一的办法就是把将士们置于死地，使人人为保全性命而殊死作战。如果留有生路，大家就都跑了，怎么还能用他们取胜呢？"诸将佩服。

韩信的意思是，挫折也有两重性。它可以把人置于死地，也可能使人置于死地而后生。用今天的话说，就是压力可以压死人，也可以变为动力。

韩信变了一种战略，其实也就是变了一种思路，变了一种观念。

“逼上梁山”也有两重性。“逼”，当然是“压力”，“上”，可不就是“动力”么。“逼”的时候，陷于“绝处”，一旦“上”了梁山，便得“逢生”。

“山重水复疑无路，柳暗花明又一村”也是两重性。虽则是山峦重迭、流水萦绕“疑无路”，可一旦您不畏艰险开拓奋进，移步换形之后，自然就能看到繁花似锦、春日美景的“又一村”。诚可谓“遥爱云木秀，初疑路不同；安知清流转，忽与前山通。”（王维《蓝田山石门精舍》）

曲径可以通幽，逆境中往往蕴涵着无限的希望。

永乐间，降虏多安置河间、东昌等处，生养蕃息，骄悍不驯。方也先入寇时，皆将乘机骚动，几至变乱。至是发兵征湖贵及广东西诸处寇盗，于肃愍奏，遣其有名号者，厚与赏犒，随军征进，事平，遂奏留于彼。于是数十年积患，一旦潜消。（《智囊·上智部·迎刃卷》“于谦”条）

明朝永乐年间，明成祖朱棣把归顺的蒙古人大多安置在河间、东昌一带，让他们休养繁衍，可他们却骄蛮不驯。适逢瓦剌首领也先侵犯边境，他们便乘机骚动，几乎酿成变乱之祸。后来，两湖、贵州和两广贼寇作乱，朝廷发兵征讨，于谦上奏皇帝，选派蒙古人中的勇士，给予丰厚犒赏，让他们随军出征。平叛之后，于谦又奏请皇帝让那些人留居当地。于是几十年来的积患，转眼间便消除了。

连冯梦龙都说，于谦之策，真是高明得紧啊。

## 三、“二桃杀三士”

韩信和于谦之所以“高明”，其实是因为他们懂得创新。

说起来很滑稽，创新其实是一个非常古老的词。

在英文中，创新写作 Innovation，它起源于拉丁语，原意包括三层含义：第一，更新；第二，改变；第三，创造新的东西。

创新作为一种理论，形成于 20 世纪。1912 年，美国哈佛大学教授熊彼特，第一次把创新引入了经济领域。

实际上，创新就是对传统的否定。

春秋时，齐景公朝有公孙接（公孙无忌）、田开疆、古冶之三名勇士，个个勇武异常，深受齐景公的宠爱，但他们却恃功自傲，对相国晏婴也极其失礼。

公孙接、田开疆、古冶子事景公，以勇力搏虎闻。晏子过而趋，三子者不起。

晏子入见公曰："臣闻明君之蓄勇力之士也，上有君臣之义，下有长率之伦，内可以禁暴，外可以威敌，上利其功，下服其勇，故尊其位，重其禄。今君之蓄勇力之士也，上无君臣之义，下无长率之倫，内不以禁暴，外不可威敌，此危国之器也，不若去之。"

公曰："三子者，搏之恐不得，刺之恐不中也。"

晏子曰："此皆力攻勍敌之人也，无长幼之礼。"因请公使人少馈之二桃，曰："三子何不计功而食桃？"（《晏子春秋·内篇谏下二》）

晏婴对这三位很是忧虑："明君蓄养勇士的目的，是对内禁止暴乱，对外威慑敌人，上面赞扬其功劳，下面佩服其勇气，所以才让他们养尊处优。而现在您蓄养的这几位勇士，上没有君臣之礼，下不讲长幼之伦，内不能禁止暴乱，外不能威慑敌人，已经沦落为祸国殃民之辈，不如赶快除掉他们。"晏子的意思是，这三位大哥勇武过人，但又没有什么头脑，对国君也不够忠诚，万一受人利用教唆，则必成大患。所以要尽快除掉。

齐景公很担心："这三个人力气大，与他们硬拼，恐怕拼不过他们，暗中刺杀，又恐怕杀不掉。"

但晏子以他的聪慧，拿出了办法："二桃杀三士。"

结局大家都知道了：齐景公按照晏婴的计谋，将两只桃子赏给三勇士。三人各摆功劳，互不相让。公孙接自报有搏熊杀虎的功劳，田开疆自报曾两次力战却敌，于是各取一桃，最后古冶子却以"杀鼋救马"的功劳胜他们一筹。公孙接、田开疆二人听后羞愧自刎而死，古冶子也因"不仁不义"凄然自刎。

要实现杀掉勇士的目标，不一定要亲自动手，那样风险太大。其实，让勇士杀勇士，才是高招。

生活中有很多难题，其实只要换一个思路，都可以迎刃而解。

集体照像的时候，摄影师一般的做法是，“看着我的手，一……二……三！”但往往是有一些人恰巧会在数“三”的时候坚持不住了，闭上了眼睛。其实，摄影师为什么不能换个思路呢？比如，可以提示：“请大家都闭上眼睛，听我的口令，喊到三的时候再一起睁开眼睛。”这样的结果，当然会是一个闭眼睛的也没有，而且全都神采飞扬——这岂不是皆大欢喜！

这就是创新思维。

## 四、“朱棣踹门”

创新思维是指以新颖独创的方法解决问题的思维过程。

创新思维能突破常规思维的界限，以超常规甚至反常规的方法、视角去思考问题，提出与众不同的解决方案，从而产生新颖的、独到的、有社会意义的成果。

简单说，创新思维的价值和目标，就是打开那些被暂时封闭的其他的思考方向，消灭我们的思维中经常会出现的一些盲点。

盲点，本是一个生理学名词，指的是视网膜上无感光细胞的部位。

早年间，神创论批驳进化论的观点之一就是，眼睛这种非常精妙的结构必然是上帝创造的，靠进化不可能产生；支持进化论的科学家找到了眼睛进化的证据，并且提出，如果是上帝创造的眼球，何必留下盲点这么一个奇怪的缺陷？

但不论如何，恰如性格色彩专家乐嘉所言：“我们每个人在洞见自己时，总有局限和盲点。”

公元1399年（建文元年），大明朝祸起萧墙，明太祖第四子燕王朱棣起兵反叛，史称“靖难之役”。

朱棣是在战火中成长起来的一代名将，打仗水平当然不在话下。问题在于，燕军虽屡战屡胜，但南军兵多势盛，攻不胜攻，燕军所克城邑旋得旋失，不能巩固。尤其是在山东，他一败于济南，再败于东昌，三败于夹河，自己也差一点儿被南军活捉。朱棣感受到了前所未有的压力。

山东，已成为他在通往京城道路上的最大障碍，无论如何也是很难打

过去的。

当年明月《明朝那些事儿》里如是描写：

在朱棣看来这是一个很难克服的障碍。但这个障碍真的存在吗？

朱棣不会想到，自己在无意中已经陷入了一个思维的陷阱：去京城就一定要打山东吗？

这个啼笑皆非的事件告诉我们，在我们的思维中，是存在着某些盲点的，而我们自己往往会陷入钻牛角尖的困境中。对于朱棣而言，山东就是他的盲点，由于在济南遭受的失败给了他太深的印象，他似乎认为如果不攻下济南就无法打下京城。

如果朱棣就这样钻下去，他将不可避免地走向失败，但关键时刻一个具备这种思维的人点醒了他，这个人就是道衍。

道衍之所以被认为是那个时代最出色的谋士，是有道理的。他不读死书，不认死理，善于变通，他敏锐地发现了朱棣思维中的这个盲点。

朱棣就如同一个高明的小偷，想要入室盗窃，精通撬锁技术，但济南这把锁他却怎么也打不开，无论用什么万能钥匙费多少时间也无济于事。此时老偷道衍来到他的身边，告诉他，其实你的目的并不是打开那把锁，而是进入门内，现在在你眼前的只是一扇木门。（当年明月《明朝那些事儿》“第1部第29章”）

道衍就是姚广孝。

姚广孝可是一个了不得的人物。他出自显赫的吴兴姚氏，年纪轻轻就已经通儒、道、佛诸家之学，精通阴阳术数。他不仅是一代高僧，也是一代诗人，大诗人高启对其诗大加赞赏，称为“浓淡迭显”、“圆转透彻”，“将期于自成而为一大方者也”（《独庵集》序）。

姚广孝的毕生志向是“成开国建业之功”，所以他的最大兴趣是造反。作为朱棣的首席谋士，他也是当然的靖难之役首席策划师。

他一旦发现朱棣思维中的盲点，立即点化：“毋下城邑，疾趋京师。京师单弱，势必举。”

朱棣这才放弃了撬锁的企图，抬脚踹门。

建文四年（1402）元月，已经从兔子变成了雪豹的朱棣开始了最后的

冲刺，他甩开要守株待兔的山东诸将盛庸、平安、铁铉等人，取道馆陶渡河，连克东阿、东平、单县，兵峰直指徐州，然后在淝河、灵璧两败南军，进入扬州，一只脚已经踏入京城！

美国实用主义哲学家约翰·杜威说过：人基本上是一种由惯性铸成的动物。

惯性思维的可怕之处就在于，思维沿前一思考路径以线性方式继续延伸，并暂时封闭了其他的思考方向，其他的门。

因而，朱棣踹开的这扇门，不光是关他于京师大门之外的徐州，还有他心中的那扇门。

踹开了这扇门，朱棣终于看到了天子的宝座。

## 五、戴勃诺："怎么才能不嫁给他"

爱德华·戴勃诺（Edward de Bono）博士，英国著名的心理学家，并先后任教于牛津大学、伦敦大学、剑桥大学及哈佛大学，被欧洲创新协会列为历史上对人类贡献最大的250人之一。

爱德华·戴勃诺博士在历史上第一次把创造性思维的研究建立在科学的基础上，将人的思维方法分为两类：一种是垂直思考法，另一种称为水平思考法。他倡导的水平思考法和平行思考法，日益受到世界各国的重视。

在《水平思考法》一书中，戴勃诺博士讲过一个经典案例：

甲向乙借了一笔高利贷，无力偿还，得去坐牢。乙借机提出娶甲的女儿抵债，姑娘至死不从。乙提出一个解决办法："我从地上检起一块白石子、一块黑石子，装进口袋里由你来摸。如果你摸出白石子，你父亲的债就一笔勾销；如果你摸出的是黑石子，那你就得和我成亲。"说完，乙就从地上捡起两块黑石子放进了口袋。如果你是甲的女儿，你会怎么办？

通常的办法有以下几种：

一是拒绝摸石子，然而问题得不到解决，甲还得去坐牢；二是揭穿乙捡起两块黑石子的诡计，问题仍然得不到解决；三是不得已，随便抓出一

块黑石子，违心地同乙结婚。

但以上办法都不尽人意。戴勃诺博士给出的主意是：

将思考的焦点移向水平方向：由口袋中的石子移到地上的石子。然后伸手到口袋里抓起一块石子，在她拿出口袋的一刹那故意将其失落在地上。这时她对乙说：“呀！我真不小心，把石子掉在地上了。看看你口袋里剩下的那一块，肯定与掉在地上的那一块不一样……”口袋里无疑是一块黑石子。乙不能承认自己的欺骗行为，只好承认姑娘取出的是一块白石子。就这样，姑娘巧妙的实现了大逆转。

垂直思维与水平思维显然有区别：垂直思维集中考虑的是必须取出一块石子，而水平思维却把注意力集中在口袋里剩下的那块石子。垂直思维对事物进行“最合理”的分析观察，然后利用逻辑推理予以解决，而水平思维则用不同的方法去观察事物，然后用最有希望的方法去化险为夷。

民间故事谭振兆“抓阄”智斗岳父，是个中国古典版的“怎么才能不嫁给他”。

清朝时，通山县黄泥乡书生谭振兆，自幼与同村乐进士的女儿定亲。后来谭家家道中落，乐进士的女儿虽然没有变心，但乐进士却想赖婚。谭振兆来到乐家，乐进士说：“我做了两个阄，一个写着‘婚’字，另一个写着‘罢’字。你拿到‘婚’，我就把女儿嫁给你；拿到‘罢’字，咱们就退婚。老夫还算公平吧！”谭振兆立刻拿起一个阄吞进腹中，然后指着另一个说：“你把那个阄打开看看，如果是‘婚’字，我马上就离开这，咱们退婚；若是‘罢’字，那就说明我吞下的是‘婚’字，这门亲事算定了。”乐进士做的两个阄写的都是“罢”字，煞费苦心制造骗局却被识破，不得已把女儿嫁给了谭振兆。

莎士比亚说：“事情没有好与坏，只在于你如何看待。”社会时时刻刻地发生着变化，你的思想就是你最大的敌人。

勇者无惧。对我们来说，勇敢就意味着，你要勇敢地面对挑战。这种挑战，首先就是思维方式的改变。

华丽与平淡之间其实就是一面墙，突破内心思维就能得到不一样的期许。

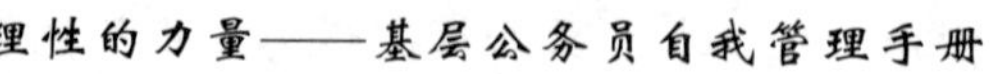


# 第四章　山色空濛雨亦奇

水光潋滟晴方好，山色空濛雨亦奇。欲把西湖比西子，淡妆浓抹总相宜。

——苏轼《饮湖上初晴后雨》

世界上的最成功人士都有一个共同点：他们都有自己独特的思维方式。

我没有杰出的能力，所以必须具备超出常人的热情，必须付出不亚于任何人的努力，必须掌握比常人更优秀的“思维方式”，才能取得成功。

更优秀的思维方式是可以改变人们的生活的。

更优秀的“思维方式”，在稻盛和夫看来，便是优秀的哲学、卓越的思想、高尚的人生观、正确的判断标准。

而对于我们这些工作在基层的干部、企业管理人员，对于我们这些刚走上工作岗位的新人、刚进入职场的菜鸟来说，这种更优秀的“思维方式”，则应该是包涵以下几个基本点：

## 一、穷理明势

“穷”的本义，是穷尽、完结。

《说文》：“穷，极也。”

《小尔雅·广诂》：“穷，竟也。”

理：性理，即人性与天理。

宋明理学的认识方法，最早见于《大学》，称为八条目，其中两条目，就是“格物致知”。

格是推究，致是求得。

按照理学派的观点，“格物”就是探究事物原理，穷尽事物道理，包

括事物的自然规律和道德原则。“致知”则是获得知识，利用“类推”的方法，将已得之理推广到事事物物之上。

通俗一点儿的说法，格物就是凡事都要弄个明白，探个究竟；致知就是做个真正的明白人，为人行事决不湖涂。

按照丁肇中的说法，格物致知真正的意义，“有两个方面：第一，寻求真理的唯一途径是对事物客观的探索；第二，探索的过程不是消极的袖手旁观，而是有想象力的有计划的探索。”（《应有格物致知精神》）

“格物致知”的具体方法，在于读书思考，交流讨论，在于应接事物，细致揣摩，在于到具体事物中去发现。等到积累到一定程度，便会豁然贯通，达到万物之理为一的境界。

这就叫做“穷性理”。

明势，即明趋势。

“明”，在这里是懂得、了解、能够看清事物的意思。

趋势，这里指事物或局势发展的动向。

明趋势，一是要判断趋势，二是要把握趋势。

在现实中，人们更倾向于把简单问题复杂化，其实，把复杂问题简单化才是更了不起的。

因为大道至简。

老子云：“万物之始，大道至简，衍化至繁。”（《道德经》）

有人问甄子丹：“练武术最重要的是什么？”他说：“把对方击倒。”短短五个字，直抵要害，让人血脉贲张，仿佛被击倒在地。

应当看整体。整体是由各个局部按照一定的秩序组织起来的。“头痛医头，脚痛医脚”，显然是没有看整体。

应当看循环。从事物的整个运动变化过程来说，总是一反一复，周而复始地循环运动的，“凡天下大势，分久必合，合久必分”。

应当看变易。物极必反，月中则仄。无论任何事物，到了盈满或顶点时，便会向相反的方向转化。

穷理明势，就要知需要。

## 二、按需设计

需要，是个体对内外环境的客观需求在脑中的反映，指应该有或必须有的意思。

人类的需要分为个体需要和社会需要两大类。这里指的是社会需要。

社会需要又名社会需求，是指社会作为一个整体或以整个社会为单位而提出的需要。

一个人要想活下去而且要活得好，首先要知道这个社会需要你做什么。

这句话的意思是：一个人，必须按照社会的需要设计你自己。

时代不需要革命家，你就不要造反。组织需要一个好的干部形象，你就不要胡说乱行。社会需要一个良善的公民，你最好不要出格越池。家里不需要河东狮吼，你最好当个温顺的小猫。

就说祢衡。

祢衡是一个因《三国演义》而被大家熟悉的名人。他因为骂人尤其是骂曹操而出名，更由于被曹操、刘表借刀杀死而闻名。祢衡的死，在后世博得了许多同情。然而他狂悖无礼，也算死有其因。史书说他“少有才辩，而尚气刚傲，好矫时慢物”（《后汉书·祢衡传》），也就是意气用事，刚愎狂傲，喜欢故意和时尚唱反调，故意和别人过不去，也不把别人放在眼里的意思。

结果是，对曹操，他“素相轻疾，自称狂病，不肯往，而数有恣言”，又因为“裸衣辱之”、“坐大营门，以杖捶地大骂”，被曹操打发到了荆州刘表那里。在荆州，又因为“侮慢于表”，被刘表打发到黄祖那里。黄祖虽然对他也很客气，但他忍不住又出言不逊，骂黄祖是“该死的”（死公），黄祖忍无可忍，这才杀了他。

易中天先生评论说：

显然，讨厌祢衡的，并非只是曹操、刘表、黄祖，而是除孔融以外的大多数人。祢衡对抗的，也不仅仅是当局，而是整个社会。事实上祢衡的所谓傲骨，毫无正义的内容，只不过他自我表现的恶性膨胀而已，而且到

了不惜贬低别人来抬高自己的地步。这说明什么呢？说明他其实是一个极端自私的人。他的自高自大，就是他自私的表现。在他的心目中，只有自己，没有别人，所以他谁都看不起。为了表现他的所谓傲气，不惜把自己的朋友孔融推到极为尴尬的境地。这就不能算是英雄，只能叫做混蛋。（《品三国（下）》第二十八集“借刀杀人”）

因此，祢衡的死使人感到惋惜，却不让人觉得意外。眭达明先生如是说：

“他要是能自重一些，有一点自知之明和容人之量，在态度上肯让人，在言辞上肯饶人，就不会死得这么早。特别是作为一个秘书，祢衡对领导既不尊重，对同事又不礼貌，如此恃才傲物，看不起任何人，这样的性格脾气怎么与人友好共事？祢衡是生于乱世，才遭遇了不幸；就是生在和平年代，像他这样的性子，即使没有杀身之祸，但要在社会上立足也是很难的。”（眭达明《秘书政治》第一编·“诞傲致殒的祢衡”，江西人民出版社）

后来，颜之推把祢衡“诞傲致殒”的故事写入了《颜氏家训·文章篇》，以警示后人。

再如李贽（贽，音 zhì）。

李贽是明代泰州学派的一代宗师。自幼随父亲读书习礼，嘉靖三十五年（1556 年）入仕，先后任河南共城（今辉县）教谕、南京国子监博士、北京国子监博士、南京刑部员外郎。万历五年（1577 年）出任云南姚安知府，曾在府衙楹柱上题写两联。一曰：“从故乡而来，两地疮痍同满目；当兵事之后，万家疾苦总关心。”二曰：“听政有余闲，不妨甓运陶斋，花栽潘县；做官无别物，只此一庭明水，两袖清风。”这样看来，称为良吏也不为过。

然而，在二十多年的宦游生活中，李贽却天才般燃烧着自由思想、个人情怀，时时处处与上司唱反调，属于典型的“刺头”一个：

“我平生不爱属人管，夫人生出世，此身便属人管了。幼时不必言，

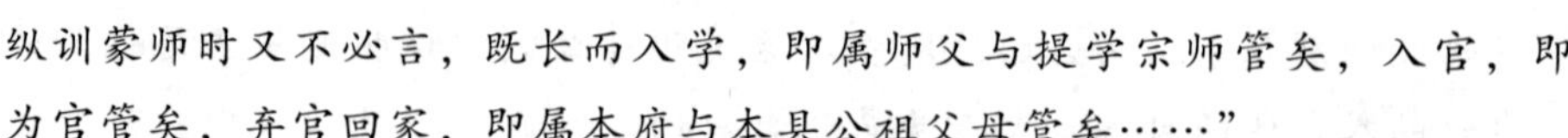


纵训蒙师时又不必言，既长而入学，即属师父与提学宗师管矣，入官，即为官管矣，弃官回家，即属本府与本县公祖父母管矣……”

“余唯以不受管束之故，受此磨难，一生坎坷，将大地为墨，难尽写也。为县博士，即与县令、提学触。为太学博士，即与祭酒、司业触。……司礼曹务，即与高尚书、殷尚书、王侍郎、万侍郎尽触也。……最苦者为员外郎，不得尚书谢、大理卿董并汪意。……又最苦而遇尚书赵。赵于道学有名。孰知道学益有名，而我之触益又甚也。最后为郡守，即与巡抚王触，与守道骆触。……此余平生之大略也。”（《焚书》卷四“豫约”）

深感受人管束之苦的李贽，于万历八年辞官，寄寓黄安、麻城讲学，晚年往来南北两京等地。在黄安，他招收女弟子，宣扬个性解放、个人自由；在麻城讲学时，从者数千人，中杂妇女。万历十六年夏天又剃头以示和鄙俗断绝，虽身入空门，却不受戒、不诵经祈祷。

万历三十年三月，一生专唱反调的李贽，在通州被以“敢倡乱道，惑世诬民”的罪名逮捕下狱。三月十五日（公历5月6日），李贽夺剃发侍者剃刀割喉而亡，时年七十六岁。

诗人刀尔登评论说：

个人的自由，必向社会中寻，正如社会的成功，必着落到个人身上。李贽抱怨他身受的管束，谁不是如此呢，但人们日常感受到的拘束，是不自由的原因吗？也未必。……卢梭言，“人生而自由，却无往而不在枷锁之中”，未免有些娇气，想当女婿，又想不要丈母娘——其实，只要这些枷锁，没有一种是绝对的，人尚可是自由的。（《李贽的自由》）

其实，一个人若能按照社会的需要设计自己，也就意味着他能够按照自己在体制中的位置行事。

这就是“知其所止”。

## 三、知其所止

“知其所止”，方能“止于至善”。

“知其所止，止于至善”，语出《大学》。

“止”指“归宿”、“立场”。知其所止，就是对自己的目标、归宿和原则立场有明确了解。简单说，就是知道自己应该“止”的地方，即我们常说的选择好自己应该扮演的角色，找准自己的位置和立足点。

《大学》云：“知止而后有定，定而后能静，静而后能安，安而后能虑，虑而后能得。”知止，就是要明确原则，理清期许。有定，就是要站稳立场，坚定不移。能静，就是要动机纯正，心不妄动。能安，就是要身心安详，从容有度。能虑，就是要思虑周到，驱除偏见。能得，就是要合理选择，心安理得。

“缗蛮黄鸟，止于丘隅。”（《诗经·小雅·缗蛮》）鸣叫着的小鸟，栖息、落在山丘的一角。孔子解释说：“于止，知其所止，可以人而不如鸟乎！”意思是，对于落脚到哪里，连鸟儿都知道，难道人还不如鸟儿吗？

不同的身分，不同的人有不同的“止”，关键在于寻找最适合自身条件，最能扬长避短的位置和角色。

“知其所止”，就要守好自己的位置。

用今天的话说，“知其所止”就是，一个人必须按照你在体制中的位置行事。

在《中庸》的年代，天下的一等大事就是“制作礼乐”：

“非天子，不议礼，不制度，不考文。今天下车同轨，书同文，行同伦。虽有其位，苟无其德，不敢作礼乐焉。虽有其德，苟无其位，亦不敢作礼乐焉。”（《中庸》）

这段话的大意是：“不是天子，不能议论礼制是非，不能制订度量标准，不能考究文献史迹。现在天下的车辆都是一样的宽度，书写都是一样的字体，行为都是一样的准则。虽然在那个位置上，却没有相应的德行，是不敢制作礼乐的；虽然有那个德行，却不在位置上，也不敢制作礼乐啊！”

意思很简单，有些事，虽然你“在其位”，有位子，有职级，但德行不足、能力不够，你不能干；有些事，虽然你有本事、有德行，但“不在其位”，职位不够、级别不到，你照样也不能干。

人各有所止，不能越位。

## 四、中庸之道

《中庸》原来是《礼记》中的一篇，一般认为出于孔子的孙子子思之手。

不过，现存的《中庸》，已经经过秦代儒者的修改，《汉书·艺文志》就载录有《中庸说》二篇，以后各代阐释著作相沿不绝。但影响最大的还是朱熹的《中庸章句》，他把《中庸》与《大学》、《论语》、《孟子》放在一起，合称“四书”，成为后世读书人求取功名的阶梯。

朱熹认为《中庸》“忧深言切，虑远说详”，“历选前圣之书，所以提挈纲维，开示蕴奥，未有若是之明且尽者也”（《中庸章句·序》），并且在《中庸章句》的开头引用程颐的话，强调《中庸》是“孔门传授心法”的著作，“放之则弥六合，卷之则退藏于密”，其味无穷，都是实用的学问。善于阅读的人只要仔细玩味，便可以终身受用不尽。

程颐的说法也许有些过头，但《中庸》的确是内容丰富，不仅提出了“中庸”作为儒家的最高道德标难，而且还以此为基础讨论了一系列的问题，涉及到儒家学说的各个方面。所以，《中庸》被推崇为“实学”，被视为可供人们终身受用的经典，这也绝不是偶然的。（“国学今读大书院”：《中庸·简介》，刘强编译，哈尔滨出版社，2007 年 1 月版）

“中庸”，意思是“执两用中”，“中”不是中间的意思，不是在两个极端中间找到中间的那一个，而是找到最适合的那一个，中庸之意其实就是在处理问题时不要走极端，而是要找到处理问题最适合的方法。

程颐解释说，“不偏之谓中，不易之谓庸”，不偏不倚叫“中”，不改变常规叫“庸”。朱熹在注释《中庸》的时候，以此为据，更申论以“中者，天下之正道；庸者，天下之定理”（《遗书》）。

按照朱熹的理解，“中”的意思就是天下的正道，“庸”的意思就是天下不易的法则，即定理。也就是说，所谓“中庸”，就是要求人们为人处世始终保持不偏不倚，永远执中协同。这是必须坚持不能改变的法则。

这是说，不走极端和稳定不变，是一切事物正当不移的道理。这一解释，在一定程度上说明了孔子中庸思想的要点。

当年，孔子曾不无感慨地说：

“君子中庸，小人反中庸。君子之中庸也，君子而时中。小人之中庸也，小人而无忌惮也。”（《中庸》）

大意谓：君子中庸，小人违背中庸。君于之所以中庸，是因为君子随时做到适中，无过无不及；小人之所以违背中庸，是因为小人肆无忌惮，专走极端。

中庸作为一种高超的智慧，并非只是儒家的专利，几乎与孔子同时代的古希腊哲学家亚里士多德也曾经阐述过相通、相似的思想。

亚里士多德的《尼各马可伦理学》，是西方伦理学史上第一部伦理学专著，西方近现代伦理学思想的主要渊源之一。在《尼各马可伦理学》第二卷中，他说：

……任何一种技艺的大师，都避免过多或不足，而寻求那居间者并选取了它——不是就事物本身而言的，而是相对于我们而言的居间者。

……恐惧、信心、欲望、愤怒和怜悯，以及一般说来愉快和痛苦等感觉，都可以太多或太少，而这两种情形都是不好的；但是，在适当的时候、对适当的事物、对适当的人，由适当的动机和以适当的方式来感受这些感觉，就既是中间的，又是最好的，这乃是美德所特具的。关于行动，同样地也有过多、不足和中间。可是美德就是涉及激情和行动的，在其中过多乃是一种失败的形式，不足也是这样，而中间则受称赞，是一种成功的形式；受称赞和成功，都是美德的特性。因此，美德是一种适中。

过度和不足是恶行的特性，而适中则是美德的特性。

（美德）是两种恶行——即由于过度和由于不足而引起的两种恶行——之间的中道。它之是一种中道，又是由于在主动与被动这两个方面，恶行不是做得不够，就是做得过分。而美德则既发现又选取了中道。因此，就其实质和就表述其本质的定义而言，美德是一种中道，而就其为最好的、应当的而言，它是一个极端。

中庸在一个普遍的意义上是属于全体人类的智慧。不然的话，为什么东西方的两位哲人，面对不同的社会历史背景，使用不同的语言，却会阐述着相同的智慧呢？

中庸，是圆融，是妙境，是艺术，也是理想。

## 五、三省吾身

自省：通过自我意识来省察自己的言行。

孔子是中国历史上提出“自省”的第一人。孔子的学生曾参则把孔子的“自省”精神具体化：

“吾日三省吾身，为人谋而不忠乎？与朋友交而不信乎？传不习乎？”（《论语·学而》第四节）

用现代语言来解释就是：

替别人办事尽力了吗？与朋友交往失信了吗？老师教导（上级交办）的事做好了吗？

孔子曾说：“见贤思齐焉，见不贤而内自省也。”（《论语·里仁》）意思是：见到有德行的人就向他看齐，见到没有德行的人就反省自身的缺点。

“见贤思齐”，乃是好榜样对自己的震撼；“见不贤而内自省”，乃是坏典型对自己的“教益”。

自省更是对自己的思考。

“爱人不亲反其仁，治人不治反其智，礼人不答反其敬。行有不得者，皆反求诸己，其身正而天下归之。”（《孟子·公孙丑章句上》）

孟子说：爱人而得不到人爱，不要责怪人，要反躬自省，自己的“仁”够不够？治人而得不到人治，不要责怪人，而要反躬自省，自己的“智”够不够？礼人而得不到人礼敬，不要责怪人，要反躬自省，自己的

“敬”够不够？一切行为，凡达不到预期效果，都要首先自我反省，从自己身上找原因。只要“其身正”，自然“天下归之”。

为什么要“吾日三省吾身”呢？

朱熹的解释是：“日省其身，有则改之，无则加勉。”（《四书集注》）

文学家洪迈则说：“三省吾身，谓予无愆。”（《容斋续笔·十五·逐贫赋》）意思是，有了自省，我们就会少犯错误、不犯错误。

内德·兰塞姆是美国纽约州最著名的牧师，无论在富人区还是贫民窟都享有极高的威望，他一生一万多次亲临临终者的床前，聆听临终者的忏悔。

1967年，84岁的兰塞姆拿出自己的60多本日记，决定把一些人的临终忏悔编成一本书，他认为无论他如何论述生死，都不如这些话能给人们以启迪。他给书起了名字，叫《最后的话》，书的内容也从日记中圈出。可是在芝加哥麦金利影印公司承印该书时，芝加哥发生了大地震，兰塞姆的63本日记毁于火灾。1972年《基督教真理箴言报》非常痛惜地报道了这件事，把它称为基督教世界的“芝加哥大地震”。兰塞姆也深感痛心，他知道凭他的余年是不可能再回忆出这些东西的。

兰塞姆1975年去世。临终前对身边的人说，基督画像的后面有一只牛皮信封，那里有他留给世人“最后的话”。兰塞姆去世后，葬在新圣保罗的大教堂，他的墓碑上工工整整地刻着他的手迹，那是他留给世人“最后的话”：“假如时光可以倒流，世上将有一半的人成为伟人……”

另据《基督教真理箴言报》报道，这块墓碑也是世界上惟一一块带有省略号的墓碑。（据方洲《善待自我源于好心态》，中国华侨出版社，2002年版，有删改）

经济学有一个术语，叫做“自我盘点”。“三省吾身”其实就是一种“自我盘点”。

我们常说，一个人很成熟，一个人很有修养，我们做出的这种判断，其实是根据这个人的社会敏感度来讲的。一个人的社会敏感度很强的话，他就会很在意别人的感受。这其实也是一种自省。

## 六、心怀敬畏

敬畏，是人类对待事物的一种态度。

“敬畏”，从字面上说，就是既敬重又畏惧。

“敬”，《礼记·曲礼》注释：“在貌为恭，在心为敬。”在《说文解字》里被解释为“肃也”，意思是要恭敬、端肃。

“畏”，会意字。《广雅·释诂二》解释：“畏，为惧也。”《说文解字》曰：“鬼头而虎爪，可畏也。”意思是鬼手拿杖打人，使人害怕。

孔子说：“君子有三畏：畏天命，畏大人，畏圣人之言。”（《论语·季氏》）

“天命”，在这里指的是个人无法控制的自然规律和社会规律。

“大人”，汉魏时期有两种解释，一指有位者，一指有德者；后来朱熹又认为应是有位有德而又年长者。

“圣人之言”，是圣贤的教导，也是权威文化。这些教导和文化无论是对于国家、群体，还是对于家庭、个人，都有莫大教益。

用现代语言解释：

畏天命，就是要尊重和顺应自然规律和社会规律；

畏大人，就是要尊敬辈份长的人，成就大的人，级别高的人，学问好的人；

畏圣言，就是要尊重权威文化。

白子超先生曾说：

“君子有三畏”，愚以为总的是说作为健全、高尚的社会人，内心世界要有敬畏的情感，要有恰当的自我定位，要有准确的前进目标，不可无法无天、唯我独尊。敬畏感是人类的一种非常神圣的情感，人们当思之记之。（白子超《说<论语>》，上海文艺出版社，2010年11月）

人有敬畏之心，既是一种人生态度，也是一种人生理念。由于害怕正义的惩罚，因而约束自我，是意志力坚强的一种体现。敬畏的东西太多固然不好，可是什么也不敬畏也就没有了规矩和标准。

中国社会在现代化的过程中，正经历前所未有的历史转型，也出现了道德和价值迷茫混乱的现象，其中之一便是权势和财富的拥有者视规则如白纸，视道德如无物。“李刚门”余波未平，“李江门”再生波澜，“富二代”嚣张炫富、烧钱猎艳的报导也屡屡见诸于报端，他们肆意游离于道德和规则之外，而全无敬畏之心。

敬畏心的缺失是一个沉重的话题。

心有所敬，行有所循；心有所畏，行有所止。有所敬畏才能有所遵循。常怀敬畏之心，从大处上说，你才能敬畏规律、敬畏法律、敬畏纪律；从小处上说，你才能不闯红灯、不说脏话、不随手丢垃圾。

无所敬畏，人不仅远离了神圣，同时也靠近了罪恶。

# 中篇　认识方法

# 第五章　山寺桃花

“人间四月芳菲尽，山寺桃花始盛开。长恨春归无觅处，不知转入此中来。”

——白居易《大林寺桃花》

唐宪宗元和十二年（817 年），是白居易贬任江州司马的第三个年头。这年的初夏四月九日，山下芳菲已尽的时候，年过不惑的白居易偕友赏游，不期在庐山的上大林寺，遇上了一片盛开的桃花。白居易惊喜感慨之余，遂得此诗。

该诗短短四句，内容简单，语言直白，似乎没有什么深奥、奇警之处。但细读之，就会发现这首平淡自然的小诗，却写得意境深邃，富于情趣。

为什么大林寺挑花开得这么迟？

一直到了宋代，大科学家沈括通过深入考察，才得出结论：“此山势高下之不同也。”（《梦溪笔谈》）这个道理，对于现代人来说，已经是个常识了：在山地地区，气温是随着地势的高度的上升而相应递减的，海拔越高，温度越低，所以季节的出现也较陆地晚。

但这个道理，生活在一千一百多年前的白居易自然是无法理解的。他在《游大林寺序》中说：“大林穷远，人迹罕到……山高地深，时节绝晚，于时孟夏（四月），正如正、二月天，山桃始华，涧草犹短，人物风候，与平地聚落（村落）不同，初到恍然若别造一世界者。”

一个人所处的位置和角度不同，都会影响对事物的观察、理解、看法和认识。要想正确的认识事物，一定得选择好正确的观察、思考与解决问题的方法，以及选择好观察事物的合适位置和角度。

1962 年 2 月 8 日，陈云同志在扩大的中央工作会议上，有过一个《怎样使我们的认识更正确些》的讲话。其中说：

采取什么方法，才能使我们的认识比较正确呢？我提出以下几个方法，看行不行，同志们可以试一试。

交换。看问题往往容易产生片面性。比如这个茶杯放在桌子上，对面的人看见茶杯是有花没有把的。可是这面的人看见茶杯是有把没有花的，两人各看到一面，都是片面的，都不全面。如果两人把各人看到的一面“交换”一下，那就全面了。……这样做，本来是片面的看法，就可以逐渐全面起来；本来不太清楚的事物，就可以逐渐明白起来；本来意见有分歧的问题，就可以逐渐一致起来。如果没有反对意见怎么办？我看可以作点假设，从反面和各个侧面来考虑问题，并且研究各种条件和可能性，这就可以使我们的认识更全面些。

比较。研究问题，制定政策，决定计划，要把各种方案拿来比较。在比较的时候，不但要和现行的作比较，和过去的作比较，还要和外国的作比较。这样进行多方面的比较，可以把情况弄得更清楚，判断得更准确。多比较，只有好处，没有坏处。

反复。作了比较以后，不要马上决定问题，还要进行反复考虑。对于有些问题的决定，当时看来是正确的，但是过了一个时期就可能发现不正确，或者不完全正确。因此，决定问题不要太匆忙，要留一个反复考虑的时间，最好过一个时候再看看，然后再作出决定。

正确的认识来源于正确的方法。

爱德华·戴勃诺博士有一句名言：

“聪明才智体现在如何解决日常生活中的问题上，而在这方面，我们每个人都有可能做得更好些。”

按照戴勃诺博士的观点，有七点关于认识方法的路数需要我们掌握：

第一，全面考虑事物的优缺点及其重要性。改善思维的关键是在我们观察事物时不要局限自己的眼光。目的是开拓我们的思考范围，扩展我们的注意力，防止只见一点，不见其余。

第二，考虑所有的因素。这是确保自己考虑过与某项决定有关的所有因素。

第三，考虑后果及其连锁反应。人与动物的一条重要区别就在于有能

力想象自己行为的后果。这一点是提醒我们判断那种可能性最好的。

第四，明确意图、目标和真实目的。大多数人都认为自己完全明确目的所在，但是那些隐藏的、或无意识的目的经常会卷进来干扰我们。所以，我们做每一件事情，都要开列出所有的理由。

第五，提出优先考虑的问题。这是在许多种的可能性当中，如何进行评价和选择。许多人往往凭感情做出决定，但是感情不能代替思维。假设有人要向你借钱，你最先考虑问题会是：“他什么时候能还?”如果父母借钱给自己的女儿，那最先考虑可能是“要这些钱干什么?”

第六步，选择范围和可能性。这一点需要我们学会开阔自己的思路，允许思路自由驰骋，想象出各种各样的可能性，包括那些原来觉得办不到的或者荒唐可笑的事。

第七，其他人的角度。试着从对方或他人的角度看待问题，将会找到一种更好的解决方法。

其实，对问题的分析，无外乎是多角度、全方位的考量。

人之所以成为万物之灵，人类的最独特之处，不仅在于我们有洞悉思考事物本质的能力与理智，更在于我们有遵守承诺、矫正更新的能力、坚守价值观及追求目标的意志。

此后各章，提出几个需要认真把握的关系，希望能给大家一些启发。

# 第六章　知识与错误

郑愁予，现代诗人。台北《联合报》评选20世纪50年代30部文学经典，《郑愁予诗集》列为诗类“前茅”，电脑选举得票第一。

郑愁予的成名作《错误》，意境优美深婉，被誉为“台湾现代抒情诗的绝唱”。

1954年，《错误》在台湾首次发表时，整个台湾岛都在传诵“达达的马蹄”之声，因为该诗的最后一句正是：

我达达的马蹄声是个美丽的错误
我不是归人，是个过客。

## 一、错误无处不在

专家眼中道理无处不在，书本里面知识无处不在，而现实当中错误无处不在。

错误，既有知识性错误，即历史和学问的错误；也有常识性错误，如生活和习惯的错误。

放之宇宙而皆准的定律是绝对不存在的，话语符号表达出来的口号更不可能每次都被精准地使用。名言警句、习语俗语常常具有权威性或其道理已为大家公认，但问题是，名言警句、习语俗语本身就有其特定的使用语境，如果不经推敲和解读，不辩环境和场合，泛泛用之，不仅达不到预想的效果，反而会让人觉得轻率无知。

马克吐温曾说过：“真正陷你于困境的不是那些你所未知的，而是这些你自以为千真万确的。”

世界上容易被搞错的常识，比我们知道的还要多得多。

**1. 你一直坚守的某项“真理”，可能是错误**

我们对一件事情的认识，符合实际就是真理，不符合实际就变成了谬误。

有人说我们的大脑只有10%被开发得到利用，但是这10%的空间就是我们人脑用来进行数据处理的全部了。其实大脑就是一个系统，各有司职，负责吃饭睡觉的空间绝对不会帮助我们记住一条数学公式。人脑与生俱来就是这么分配的，以后也不会有变化。

数学在自然科学领域里一向被认为非常严谨。但把1个黑点分成5份，虽然在算术运算法则上会得出“0.2个黑点”的答案，但从客观实际所展现出的真实情况来看，答案应该是5个黑点。

汇丰银行全球首席经济学家史蒂文·金，在“2007年十大经济理念如今即被证明错误”一文中，曾经提出过10个错误的“经济学真理”，“有些观点在短短几年中被视作经济学的智慧论断”。其中第10条是：

理念10：没有什么比光速还快

我想为经济学家进行辩护——我们会得到很多错误的信息。但是，如果欧洲核子研究中心的研究员们能够证明是正确的，我们最基本的信念也可能是错误的。如果爱因斯坦也无法证明是正确的，这只能表明即使最聪明的人也会犯错误。这也就难怪我们用对未来的信念构建的经济体制也是不稳定的了。我们也许能够处理各种风险，但是我们的生活最终是不确定的。（据《第一财经日报》2011年12月19日）

**2. 大家都习以为常的一些“常识”，最后被证明是错误**

我们很多关于健康习惯的知识就是错误的。

比如我们都以为肥皂能够消除细菌，其实普通的洗手皂不能消除细菌，而是使细菌脱离我们的皮肤，顺着下水道流下去。不少人认为饭后立即刷牙更有利于牙齿健康，实际上吃完东西立即刷牙，会使食物中的酸侵蚀珐琅质，只会加强食物中的酸性对牙齿的破坏作用。正确做法是，先漱口，过半小时后再刷牙。如果不是礼仪方面有要求，一般并不推荐饭后立即刷牙。

比如我们都以为走路比站着耗费体力，实际上站立时，双腿一直在承

受身体的重量，两只脚都不能放松，而走路却是一条腿承受重量时，另一条则在放松。

比如“牛奶对人体有益”，但事实上牛奶只是人体获取矿物质和维他命D的一种途径。而且据说牛奶危害健康，是当代世界新营养学的共识。国际上关于牛奶的研究文献已经多得汗牛充栋，但牛奶的真实面目至今仍然迷雾缭绕。

《史记》，鲁迅先生誉为“史家之绝唱，无韵之离骚”。但其成书之初并没有书名，一般多称《太史公书》，到魏晋时才普遍称为《史记》。

飞机失事是要全球通报的，在早几年的某一个时段内，电视媒体上是飞机失事频发，马航 MH—370 失联事件至今还是一个谜，于是有人说：“乘飞机太危险了，以后出门尽量乘火车或长途汽车。”然而，从概率上分析，空运远比其它常用运输工具更安全。

**3. 个人的期望、幻想、信念、偏见，都可能导致错误。**

科学家预言，2000 年之内，地球将会因为温室气体而变得更热。其实一切都有可能。在这样的一个复杂的非线性系统中，我们甚至有可能会迎来又一个冰河时期。

我们生活的这个社会，生活、真理、错误常常会跑到一起。

网络上有一个《一个关于护士的黑色幽默》，让人感悟很多，特录于下：

护士玛丽，在纽约一家医院已经工作了三年。这年纽约气候异常，住院病人激增，玛丽忙得脚不沾地。一天给病人发药时，她张冠李戴发错了药，幸好被及时发现，没有酿成事故。但医院的管理部门依然对这件事情展开了严厉地“问责”。

首先问责护理部。他们从电脑中调出最近一段时间病历记录，发现“玛丽负责区域病人增加了30%，而护士人手并没有增加”。调查部门认为护理部没有适时增加人手，造成玛丽工作量加大，劳累过度。人员调配失误。

然后问责人力资源部门的心理咨询机构。玛丽的家里最近有什么问题？询问得知，她的孩子刚两岁，上幼儿园不适应，整夜哭闹，影响到玛丽晚上休息。调查人员询问后认为“医院的心理专家没有对她进行帮助，

失职！”

最后问责制药厂。他们把玛丽发错的药放在一起进行对比，发现几种常用药的外观、颜色相似，容易混淆。他们向药厂发函：建议改变常用药片外包装，或改变药的形状，尽可能减少护士对药物的误识。

错误无处不在。

在2010年3月中旬的同山猫的比赛中，老鹰中锋扎扎·帕丘利亚就穿着一件印错字母的球衣登上了球场。

“林荫大道”似乎是个当然的词汇。譬如别克 Park Avenue“林荫大道”，历经半个世纪的市场检验，已成为与林肯、凯迪拉克齐名的美国豪华车代表。然而，“林荫大道”的正确写法，其实是“林阴大道”。

所以，我们要重视认识知识，但更要重视认识错误。

## 二、诡谲的真相

歌德说：“我们比较容易承认行为上的错误、过失和缺点，而对于思想上的错误、过失和缺点则不然。”

很多专家比如阎崇年先生、易中天先生，对明朝的皇帝都不是很感冒，说他们不是残暴就是懒惰。大明朝最懒的皇帝应该是万历帝了。孟森先生《明清史讲义》称为“怠于临朝，勇于敛财，不郊不庙不朝者三十年，与外廷隔绝”，甚至将其晚期称为“醉梦之期”。

30年不上朝，真是历史上绝无仅有的风景。

如果你知道这件事是在皇权与文官制度发生了剧烈冲突，皇权受到压制的情况下发生的，不上朝是万历帝的消极对抗，你会有何感想呢？皇权受到压制，怎么可能？不是说明朝很黑很专制的吗？是啊，已经专制到皇权都受到了压制了！……皇权受压制时，万历帝没有因为大臣与他作对而杀过一人。不上朝也并不是不办公，万历年间的很多大事小情，都是万历帝处理的。大的如万历三大征（全胜），特别是明朝的援朝逐倭战争，一直是在万历关心和支持下进行的。小的如利玛窦进京传教，建立教堂等，都是在万历过问下，得以顺利进行的。东西方文明得以交流，万历起了相

当大的作用。(杨润《智慧的结晶：国人自卑与丑陋的根源探》)

现在很多地方招商引资，在讲优势的时候，都要说到人力资源丰富，有多少万富余劳动力。其实换个角度想想，这不光是讲优势，恐怕更多的是责任，还有压力。因为你那个地方还有多少万人的就业问题需要解决，这是不是责任和压力？

按照国家统计公布的数据，现在农村劳动年龄人口是5个亿。在这个正式公布的劳动年龄人口基础之上，恐怕还得加个30%——因为还有半劳动力，这么算下来，农村的劳动力就有6个多亿。我们的农业按照现在的生产力条件大概需要1.5亿的劳动力，也就是说，还有将近5个亿的剩余劳动力。这怎么不是就业问题呢？(《温铁军：农民问题主要是就业问题》，据《投资者报》2010年1月10日)

苏轼《念奴娇·赤壁怀古》，千古名篇。对其中“遥想公瑾当年，小乔初嫁了，雄姿英发”一句，鄙人在读中学时便充满了疑惑：为什么在惜字如金的词作里，竟然有“了”这么一个多余的字？

后来，有幸读到冬子先生《苏轼〈念奴娇·赤壁怀古〉勘误》一文，才恍然大悟。

毛稚黄说东坡《念奴娇》云：“‘小乔初嫁了’，论调则‘了’字当属下句，论意则‘了’字当属上句。”这说明他对这首词中的“了”字，已有所怀疑。顷阅明天启壬戌版梅庆生注《苏东坡全集》中载《念奴娇·赤壁怀古》后段首句，作“遥想公瑾当年，小乔初嫁，正雄姿英发”。词意比通行本挺拔流畅。这就使我恍然悟到，通行本中这个“了”字，是后人对“正”字的错写和误植。(《求索》1982年第6期)

这种观点也许只是一家之言，可是康熙时编定的《钦定词谱》，则赫然把苏轼的另一首《念奴娇·凭空眺远》作为“念奴娇”词牌的正体，《念奴娇·赤壁怀古》只是因为“传诵已久”，才“采之以备一体”。这当属确凿证据吧。

再比如李白的《静夜思》："床前明月光，疑是地上霜。举头望明月，低头思故乡。"可是宋刊本的《李太白文集》、宋人郭茂倩所编的《乐府诗集》，其原文竟然是："床前看月光，疑是地上霜；举头望山月，低头思故乡。"宋人推崇唐诗，加之距唐年代相近，误传差错相对较少，才应该是可靠准确的吧。康熙皇帝钦定的权威刊本《全唐诗》中，也没有对原诗作任何修改。目前日文版本也用的是李白原文。显然，在明清两代，这首诗被改变了。

笔者少年时，曾愤恨于晚晴政府的腐败无能。以北洋舰队为例，笔者得到的知识是：北洋水师军纪涣散、素质低下，水兵竟然在主炮管上晾晒衣服和裤衩；外国人卖过北洋舰队的炮弹，弹头里面装的竟然是沙子。如此，焉能不败！

可是，后来学了历史，才知道根本不是那么回事。

事实上，"主炮上晒裤子"既不可笑，也不可能，完全是长期以来对北洋舰队的一个重大误解。要知道，"定远"舰的四门主炮均为305毫米口径，以其炮管之粗、其炮身之长（向空中仰起至少6、7米，现在威海刘公岛有定远舰的原型复制舰，可以看得到），如果要往主炮上挂裤子，非得要用竹竿或者梯子不可－－－晒个衣服，用那么费劲吗？事实上，海军在舰上晾晒衣物，这本就是一件非常普通的事情，这在各国海军都是如此。（金满楼《主炮上晒裤子并不可笑》）

其实炮弹里面掺沙子的问题（仅指弹头），不光外国军火商没错，任何人都没错。当时确确实实有掺沙子的炮弹，而且还很规范，掺多少都有规定。这当然不是为了造假，骗我们中国人的钱，这种炮弹的名字叫做实心弹，北洋水师日常打靶用的。不要说北洋舰队，就是当时日本军舰一样也是用的这种掺沙子的炮弹打靶。但是要想真正摧毁军舰，还得要开花弹。（小钟《大清洋帅汉纳根》第一章"中华帝国的诱惑"）

还有，据金满楼先生考证，邓世昌在甲午海战中驾驶受伤的"致远"号冲向日军旗舰"吉野"号，很多人认为是大无畏的英雄主义，其实不然。事实上，邓世昌当时的主要目的，是希望利用致远舰下装备的冲角撞击敌舰，予敌重创，这是致远舰的正常战术，并非拼命之举，虽然人们的

误解更有一种对英雄的膜拜。

## 三、“证伪”

爱尔兰都伯林三一大学的米歇尔·考利及其同事做的一项试验表明，国际象棋大师的思维方式与众不同。他们招募了20名不同水平的国际象棋棋手参与试验，结果显示：

水平不高的棋手在揣测对手行动时，倾向于往有利于自身的方面想，即更多地思考对手如何会落入自己的陷井，而忽略了对手怎样能把自己这步棋杀败。与之相反，大师们对自己的设想更为严厉，他们更能准确地预想对手会采取什么有效行动来拆招，选择那些不易被击破的棋步。（《爱尔兰科学家：国际象棋大师思维方式与众不同》，据新浪网·科技时代·科学探索2004年8月7日）

提出一个设想，想种种办法来证明它是错的，如果办不到，就暂时接受这个设想，这种检验方法称为“证伪”。

“证伪”是英国科学哲学家卡尔·波普尔创立的一种科学哲学理论，现已被公认为科学研究的基本特征。

证伪的意思是，任何科学理论都有一定局限性，超出某个范围就必须建立新的理论，原有的理论就被“证伪”了，但原有的理论还是真理，只不过是在原来的条件范围内有效，而不是“伪科学”。

在1697年之前，欧洲人有一个坚信不疑的真理：所有的天鹅都是白色的。这很容易理解，因为当时人们从来没见过其他颜色的天鹅，黑天鹅也成为他们的一个成语，相当于我们“太阳从西边出来了”，代表了绝对不可能发生的事情。

但是，这件绝对不可能发生的事情却偏偏发生了：探险家在1697年在澳洲发现了黑色的天鹅。当时，这个发现引起了巨大的反响，人们的认知被严重颠覆了。

中国古有俗语相传："天下乌鸦一般黑。"可是，1987 年 5 月 25 日，日本琦玉县秩父郡长静汀鸡肉店经理大泽实义的邻居外出散步时，竟然就在路旁的草丛中发现了一只全身皆白的白乌鸦！

据报道，在我国的新疆阿尔泰山和湖北神农架也有这种全身雪白的乌鸦。

非洲坦桑尼亚的斑驳鸦，颈项上有白色的圈，胸部是白色的羽毛；白颈大渡鸦，颈部和背部都生长着月牙形的白毛；斗篷白嘴鸦，嘴是白色的。

在卡尔·波普尔看来，科学和非科学一样，都既包含着真理，又包含着谬误。而任何一种科学理论都不过是某种猜想或假设，其中必然潜藏着错误，即使它能够暂时逃脱实验的检验，但终有一天会暴露出来，从而遭到实验的反驳或"证伪"。

比如针对"凡天鹅都是白色的"这个命题，一旦有黑色的或者是其他颜色的天鹅存在，那么，这个理论即刻便被证伪。

再比如，"明天这里将下雨"也是一个可证伪的陈述，因为如果事实是明天不下雨的话，那么这个陈述就被证伪了。

还比如，"水加热到一百度会沸腾"，这个理论就存在被证伪的可能。你把水加热到一百度，假如水没有沸腾，就证明这个理论错了。

科学就是在这样一个不断地提出猜想、发现错误而遭到否证、再提出新的猜想的循环往复的过程中向前发展的。

科学也包含错误，要经受经验的检验，这不是科学的缺点，而恰恰是它的优点，它的力量所在，或者说，"可证伪性"正是科学之为科学的标志。

李斯特有句名言："人的最高尚行为除了传播真理外，就是公开放弃错误。"

## 链接共享

**"知"与"识"**

知：

会意。小篆字形，从口，从矢。

“矢”指“射箭”，“口”指“说话”。

《说文》：知，词也。

《玉篇》：知，识也。

本义：通过语言所获得的正确的认识。

识：

繁体作“識”，从言从戠，戠亦声。

“戠”本指军队方阵操演，引申为“规则图形及其变换”。“言”与“戠”联合起来表示“用语言描述图形的形状和细节”。

《说文》：识，常也。一曰知也。从言戠声。

本义：区别、辨别图形或事物形状，并用语言描述之。

知识：

人类的认识成果。本义指学术，文化或学问。

在一般意义上，人们把识别万物实体与性质的是与不是，定义为知识。

**“错”与“误”**

错：

形声。字从金，从措省，措省亦声。

“措”意为“用手复原”。“金”指“金属器皿”。“金”与“措”省联合起来表示“动手（磨擦、涂饰等）使金属器皿恢复本色”。

《说文》：错，金涂也。从金，昔声。

《广雅》：错，磨也。

本义：恢复金属器皿本色。

转义：非原来的（颜色、位置等），偏离，不对。

转义的引申义：不正确。

误：

形声。字从言从吴，吴亦声。

吴，大言也。从口，从矢。合起来表示晃着头大声说话。意谓大声说话，喧哗。

《说文》：误，谬也。

谬：形声。《说文》：谬，狂者之妄言也。

本义：极端错误，非常不合情理。

错误：

1. 不正确，与客观实际不符；
2. 不正确的认识、行为、动作等；
3. 错过，耽误。

# 第七章　事实与环境

天下事，大莫大于是非。善恶是非，即是事实。

事实，是客观存在的真实情况，包括人类社会生活中的经济、政治、思想文化、科学技术等各方面的内容。

但所有的事实和事物，都不可能脱离环境而存在。

## 一、孤立的事实

事实很重要，但事实往往是抽象孤立的。

马克思当年就有言："被抽象地孤立地理解的，被固定为与人分离的自然界，对人说来也是无。"

尽管存在的都是合理的，但存在的现象却不无矛盾之处。真正的矛盾不是一方错了，一方对了，而是从各自的环境与角度出发，各有道理。

这个世界不逻辑。不逻辑的原因恰恰在于环境。

新华网"发展论坛"上，雪山飞糊先生有《人不能脱离的客观环境看问题》一文：

古今中外的励志书籍，无外乎这样那样的例子：林肯、肯德基、爱迪生、史泰龙、齐白石和越王勾践等古今中外皆不乏其人。可惜国人在读到这些故事的时候，大多人想到的"启示"是再试一次、失败是成功之母及有志者事竟成等。这样的例子看得多了，这样的启示看得多了，我就忍不住要站出来大喝一声：再这样下去，你就危险了！

大多数人是看不到林肯、肯德基、爱迪生、史泰龙、齐白石和勾践所处的时代的环境在他们从失败到成功期间产生了什么样的变化，这种漠视客观事实的行为导致的结果就是一叶障目不见泰山。任何一个人的成功与失败都是他所处的时代息息相关，这是因为做任何一件事情我们都不可能

脱离了当时的客观实际。在石器时代水滴石穿绳锯木断钻木取火不是一个失败的事情，但现在就是一个失败的事情。

人都有具体生活的时代，所以对一个人的评价不能脱离具体的时代环境。抛开历史环境和政治因素，没有任何意义。

就说张大千。

这个人就是张大千。

1940 年至 1942 年，国画家张大千陪同于右任，两次赴敦煌莫高窟临摹壁画，在那里逗留的时间加起来约一年多，剥损壁画共约有 30 余处。张大千的行为，使原先绘在窟墙表层的精美艺术永远消失了。从客观上说，是对敦煌艺术的破坏，所以一时为人诟病。

但真相是什么呢?

古人建窟本是为了表达自己对宗教的信仰和虔诚，因此在洞窟内作画以传达心声。莫高窟始建于公元 366 年，在一千多年的漫长历史中，后人往往把前人绘制的壁画用泥土覆盖，再画上新的壁画，使相当多的洞窟内形成了数层壁画的奇观。张大千在临摹时，经常把表层的后期壁画剥去，以探视隐藏在里面的早期壁画。对于发现画内有画和清除外层露出内里，张大千觉得这是一个前所未有的重大发现，是对敦煌艺术的研究的一个贡献。

当时被张大千召去也在敦煌参与临摹工作的画家谢稚柳后来也说：“要是你当时也在敦煌，你也会同意打掉的。既然外层是已经剥落得无貌可辨，又肯定内层还有壁画，为什么不把外层打掉了，来揭出内层的精华呢?!”甚至当时刚刚成立的敦煌研究所也曾采用此法，在几个壁画残损的石窟内，剥出了数幅唐代壁画精品。

对此，余秋雨先生很客观地阐释说：“张大千剥损壁画的行为，恐怕和当时缺乏文物保护意识有关。因此，对一个人的评价不能脱离具体的时代环境。”

在发展的历史中，任何事物都有其局限性。历史中的人当然也不能例外。在人类历史上，每个时代都有它的客观存在的历史条件。人们凭借那些条件进行生产和其他历史活动，同时不能不受那些条件的制约。当年中学历史教科书上最常见的一个词，就叫做“历史的局限性”。

除了时代环境，还有地域环境，更有人文环境，甚至还有形势环境。有个成语就叫“形格势禁”么。

所以，我们要重视认识事实，但更要重视认识环境。

## 二、“公说公有理，婆说婆有理”

在现实中，我们经常会发现一些事情令人难堪的复杂性。

对同一个问题，不同的人从不同的立场或角度有不同的看法，“仁者见之谓之仁，智者见之谓之智”（《周易·系辞上》），这叫做“仁者见仁，智者见智”。用老百姓的话说，就是“公说公有理，婆说婆有理”。

比如，朱元璋杀戮功臣、火烧庆功楼并不重要，朱元璋废除宰相制度和推动八股文才是更重要的事情。我们在读中学的时候，老师告诉我们八股文如何压制了人性，其实换一个角度看，八股文又何尝不是一种标准化的考试制度？难道不是这种考试制度才给了贫寒子弟一个与“官二代”、“富二代”公平竞争的机会？

网络上有一篇很红的文章《历史是什么——论读史的三层境界》，便持这种观点。文中还说：

如果100年后有人找出我们这个时代的报纸，很可能得出结论说最近几年的高等教育改革是失败的，因为搞得学费那么贵，大家怨声载道。但大局是什么呢？是2006年高校招生540万，是1998年的五倍！那些今天抱怨学费贵的大学生，如果不改革的话可能连上大学的机会都没有。现在我国高等教育的毛入学率达到23%（笔者注：2013年我国高等教育的毛入学率达到34.5%——据教育部《2013年全国教育事业发展统计公报》），这就叫大局。

再比如，按照这种观点，雍正用不用血滴子不重要，重要的是他的摊丁入亩土地政策。摊丁入亩把以前的按人头征税改为按土地面积征税，显然对老百姓大大的有好处，是好政策没错吧？问题是也不一定。为什么呢？因为正是这个摊丁入亩政策，放松了对农民的人身控制，导致人口暴增，而在没有先进灌溉技术的情况下，人口暴增可能是乾隆以后中国积贫

积弱的一个非常重要的原因。

道理何在呢？

劳动力的大量投入，极大地促进了农业生产的发展，又刺激了人口的进一步增长。而农业的高水平发展，并没有解决由于人口增加而带来的温饱问题，相反由于人口的增长超过了农业生产的增长，人均占有生活资料下降，使温饱问题变得日益突出。

而且，事实上，根据一些学者的研究，摊丁入亩还对一些地区的生态环境产生了巨大影响：

洞庭湖区经济地位在清代的衰落，与其生态环境恶化是紧密相连的。而生态环境的恶化，又与“摊丁入亩”推行的直接和间接影响是分不开的。（刘力欣、赵翎《清代“摊丁入亩”的推行与生态环境失衡——以洞庭湖区为例》，《科教文汇（下旬刊）》2006 年第 9 期）

还比如，上个世纪五六十年代，为了增加粮食生产，大规模开荒种地，这对吗？当然对，因为要解决温饱问题。到了九十年代，又提出“封山还林”、“退耕育林”，“再造一个山川秀美的大西北”，这对吗？当然也对，因为要解决开荒带来的环境问题。早几年又提出停止“封山还林”，增加粮食生产，这对吗？当然也对，因为在现在的国际形势下，粮食安全关乎国家命脉，更加重要，要不然，从中央到地方怎么会一而再、再而三地讲粮食安全？当然，现在讲，要建设生态文明，这更是个大局。

孟尝君田文，是战国时齐国的公子，与赵国的平原君赵胜、楚国的春申君黄歇、魏国的信陵君魏无忌，都以“好养士”出名，称为“战国四公子”。门下有食客数千，可谓宾客盈门、谋士云集了。

公元前 259 年，孟尝君出使秦国，被秦昭王软禁。一个门客善于钻狗洞偷东西，从秦昭王的密室中，偷出了孟尝君献给秦昭王的白狐皮裘，送给昭王宠妃，妃子说服秦昭王不杀孟尝君。另一个门客学鸡叫迷惑了函谷关的守卫，放他们出关。孟尝君靠着鸡鸣狗盗之士，成功逃回了齐国。手下人才济济，什么事情都能办成，不错吧。

但也不好说，比如王安石就不以为然。王安石有一篇八十八字小文《读〈孟尝君传〉》，被誉为“千秋绝调”，“文短气长”的典范：

世皆称孟尝君能得士，士以故归之，而卒赖其力以脱于虎豹之秦。嗟乎！孟尝君特鸡鸣狗盗之雄耳，岂足以言得士？不然，擅齐之强，得一士焉，宜可以南面而制秦，尚何取鸡鸣狗盗之力哉？夫鸡鸣狗盗之出其门，此士之所以不至也。

世人称赞孟尝君招贤纳士，贤士因此归附。孟尝君依靠他们的力量，从暴秦逃出。其实孟尝君只不过是一群鸡鸣狗盗之流的首领罢了，岂能说得到了贤士人才？不然，以齐国之强盛，他只要得到一个真正的贤士人才，就应当可以南面称王而制服秦国，哪里还要借助鸡鸣狗盗之徒的力量呢？鸡鸣狗盗之徒拢在门下，正是真正贤士不到他门下的缘故啊。

按照王安石的看法，你孟尝君如果真能得“士”，也就可以“南面而制秦”，又何必赖“鸡鸣狗盗”之力而灰溜溜地从秦国逃归呢？被世人赞为“孟尝君能得士”的例证——“鸡鸣狗盗”故事，正是孟尝君“不能得士”的有力佐证。

“公说公有理，婆说婆有理”，其实问题的关键并不在于“理”，而是在于你究竟是“公”还是“婆”。

## 三、蝴蝶效应

“事实”并不是孤立存在的，而是一个统一整体中相互制约的不同环节、部分和要素，单个事实只有放在整体中才有价值，才被赋予存在的意义。

也就是说，孤立的事实只有在总体中才能得到理解，在总体中对事实的认识才有希望成为对现实的认识。

1963年，美国气象学家爱德华·罗伦兹在一篇提交纽约科学院的论文中分析了蝴蝶效应：“一只南美洲亚马逊河流域热带雨林中的蝴蝶，偶尔扇动几下翅膀，可以在两周以后引起美国德克萨斯州的一场龙卷风。”

开始时是一只小蝴蝶，结束时是一场龙卷风。

当然，开始时虽然相差很微小，结果也会造成很大的错误。古代中国人深刻认识到，微小改变会对未来有很大影响：“《易》曰：君子慎始，差

若毫厘，谬以千里。”（《礼记·经解》）。

有一个故事叫“卑梁之衅”。

楚之边邑曰卑梁，其处女与吴之边邑处女桑于境上，戏而伤卑梁之处女。卑梁人操其伤子以让吴人，吴人应之不恭，怒，杀而去之。吴人往报之，尽屠其家。卑梁公怒，曰：“吴人焉敢攻吾邑？”举兵反攻之，老弱尽杀之矣。吴王夷昧闻之，怒，使人举兵侵楚之边邑，克夷而后去之。吴、楚以此大隆。吴公子光又率师与楚人战于鸡父，大败楚人，获其帅潘子臣、小帷子、陈夏啮。又反伐郢，得荆平王之夫人以归，实为鸡父之战。（《吕氏春秋·察微》）

春秋后期，楚国边城卑梁和吴国边城钟离相邻，一天，分属两城的两个女孩一起采桑叶时，因为开玩笑，吴国的姑娘弄伤了卑梁的姑娘。卑梁女的家人带着受伤的姑娘去讨说法，吴国女的家人不客气，卑梁女的家人大怒，杀了吴国女的家人。吴国人过去报复，杀了卑梁人全家。卑梁长官大怒，率军进攻钟离，杀光了城中的男女老幼。吴王夷昧闻听怒不可遏，立即派公子光率大军进攻卑梁，屠城而归。吴楚之间因此爆发了大规模战争。后来吴国公子光又率大军与楚国在鸡父进行大战，擒获了楚国统帅潘子臣、小帷子、陈夏啮。接着又进攻楚国新都郢，抓获了楚平王夫人。这就是鸡父之战。

这件事影响甚巨，《史记·吴太伯世家》和《史记·楚世家》都有记载。

这场因采桑叶而引起的大规模征战，后世称为“卑梁之衅”。

无独有偶，同样的悲剧在地球另一端的美国也曾上演过。

在白人踏上美洲大陆之前，在今天的新泽西州和宾夕法尼亚州交界处，住着两个印第安人部落。有一天，一个部落的一群男孩到另一个部落去玩，其中一个男孩费尽心机抓到了一只大蚱蜢，另一个部落的孩子抢过蚱蜢说：这是在我家草地上抓到的，应该是我的。同部落的孩子也随声附和。于是孩子们按部落分成两派打了起来。孩子们的哭叫声惊动了两家的妇女们，她们从帐篷里冲出来，扭打在一起。晚上，部落勇士们打猎回到家，看到妻儿流血负伤躺在地上，怒火中烧，于是到各自的酋长家里，商

量复仇计划。打斗逐步升级，最终演变成战争，由此爆发了十八世纪著名的“蚱蜢之战”，两个亲如兄弟的部落从此反目成仇。

## 链接共享

**“事”与“实”**

事：

形声。从史，之省声。史，掌管文书记录。甲骨文中与“吏”同字。

《说文》：事，职也。

本义：官职。

引申义：职守，政事，事务。大曰政，小曰事。

实：

会意。从宀，从贯。宀，房屋。贯，货贝也。以货物充于屋下为实。

《说文》：实，富也。从宀从贯。段玉裁注：富也，引伸之为艸木之实。

《小尔雅》：实，满也，塞也。

《广雅》：实，诚也。

本义：财物粮食充足，富有。

事实：

1. 事情的实际情况，实有的事情；
2. 干实事；
3. 事迹；
4. 故实，典故。
5. 事物发展的最后结果。

**“环”与“境”**

环：

形声。从玉，睘声。

《说文》：环，璧也。

本义：圆形而中间有孔的玉器。

境：

形声。从土，竟声。

《说文新附》：境，疆也。

本义：边境，国境。

环境：

1. 周围的地方；
2. 环绕所管辖的地区；
3. 周围的自然条件和社会条件（如情况、影响或势力）。

# 第八章 真理与正义

真理是人们对于客观事物及其规律的正确反映。通常被定义为与事实或实在相一致。

正义是人类社会普遍认为的崇高的价值，是指具有公正性、合理性的观点、行为、活动、思想和制度等。

人们曾经以为，真理总是和正义相厮相守，其实并不尽然。

## 一、如影随形

人们曾经以为，真理就是绝对正确、永远正确的命题，而事实上一切真理都是相对的。

我们这个世界，对一些事物的认识，一般都只有相对而没有绝对的正确与否。真理也是有条件、有时间有地点规定的，具体的真理，将随着条件、时间和地点的变化而变化。一个真理在一个地方可能是真理，在另一个地方则可能是谬误；或者在某一个时段是真理，而在另一个时段是谬误。

比如，我们曾经以为地球就是宇宙的中心，但随着时间的推移和人们在认识上的提高，我们后来又以为太阳是宇宙的中心。现在我们已经知道，宇宙不仅是无边无际的，而且还是没有中心的，无论地球还是太阳都不是。

德勃诺在《实用思维》一书中饶有兴味地描述了一种常见的社会现象："在僻静的乡村，村里最漂亮的姑娘会被村民当作世界上最美的人（维纳斯），在看到更漂亮的姑娘之前，村里的人难以想象出还有比她更美的人。"在村里，它可能是真理，但是在全世界，它就是偏见。

在发现澳大利亚之前，欧洲人根据对世界的观察和归纳，最终得出这

样一条真理：所有天鹅都是白色的，还常用“黑天鹅”来指不可能存在的事物。人们每当看到一只白天鹅就更加深了对这条真理的肯定。但欧洲人这个信念却随着1697年第一只黑天鹅的被发现而崩溃。

闵良臣先生曾举一例：

清朝皇帝康熙治理黄河，当时一位叫张鹏翮的官员想讨好康熙，给其递上一个奏章，说是应该将康熙皇帝有关治理黄河的那些“上谕”编成一本书出版，留作指导后人治黄。不想，这个奏章不仅没有得到康熙皇帝的批准，反而惹得康熙不高兴，挨了批评：“前代治河之书，无不翻阅，泛论虽易，实行则难。河水没有定性，治河不可一法。今日治河之言，欲令后人遵行，断不可行。”（《清圣祖实录》）康熙认为他那些治理黄河的一些策略、方法都是根据当时实际情况而定，而黄河是在不断变化着的，后人不可能还按照他的那些方法治理黄河；当时治理黄河的一些办法也未必适合将来。一个封建皇帝能有这等见识，实在难得。难怪他能开创“康乾盛世”。（闵良臣《一切都是相对的——纪念〈实践是检验真理的唯一标准〉发表30周年》）

人们曾经以为，真理总是掌握在正义一方，以为只有正义者才会持有并坚持真理，其实并不尽然。

首先，在通常情况下，正义与真理一般是没有因果关系的。相信各位读者对这一点自有判断。

其次，而且，即使正义者持有真理，未必就能坚持真理。信念和信心是一回事，勇气和胆略是一回事，能力和实践也是一回事。

网友“白得空间”在“铁血社区”有一篇《杂谈正义与真理》的文章，其中说：

之所以得出这个貌似正确实为谬误的结论，其主要原因之一是人们长期处于极不正常的政治环境之中，以致造成思维方式机械僵化；二是人们的主观意识在某一时段一直就被错误的理论教育所误导，长此以往便会产生一些违背常理的认识和观念；三是由于我们某些人的头脑在认识问题方面往往会存在一个误区，因而也会导致产生这样或者那样的错误观点。

为了把真理并不一定总是掌握在正义一方的这个观点说的更为明白一些，我们可以拿适者生存这个基本法则（也有人把它定性为丛林法则序列之一）为例，这个浅显道理可是客观世界中人人皆知的，并非只有正义人士才会理解和掌握。

“优胜劣汰、适者生存”是生物学家达尔文经过多年的苦心钻研得出来的重大研究成果。它的本意是讲不能适应竞争进化的物种会遭到无情的淘汰，但几乎是从理论一出世，它就被引入来解释各种社会现象，经济领域尤其是如此。

人们曾经以为，我们一旦与某种真理性的观念站在一起，我们就站在了正义一边，其实并非如此。

有人鼓吹民主、自由，不如说他在鼓吹关于民主、自由的概念；有的人谈论某些问题，不如说他们在谈论关于某些问题的真理；一些人与其说生活在真实世界里，不如说他们是生活在真理世界里。

正义则不然。

## 二、从真理走向正义

正义是人类社会永恒的主题。

在汉语里，正义即公正的道理，与公平、公道、正直、正当等相联。在西方语言中，“正义”一词源出于拉丁语 justitia，由拉丁语中“jus”演化而来，有公正、公平、正直、法、权利等多种含义。

正义是构建合法社会制度的理论基础，也是构建道德体系的理论基础，更是社会制度的首要美德。正义的观念和制度是人类的重大成就之一。

美国哈佛大学教授约翰·罗尔斯的《正义论》一书，自 1971 年问世后，在西方国家引起了广泛重视，被视为第二次世界大战后西方政治哲学、法学和道德哲学中最重要的著作之一。该书出版之后，受到热烈讨论，被列为不少大学课程的必读书籍之一。美国著名的政治学者罗伯特·达尔表示：罗尔斯的著作在英语国家立即被承认是对政治哲学的一个根本性的贡献。

在《正义论》中，罗尔斯开篇就提出了一个重要论断："一种理论不管多么雅致和简洁，如果不是真的，就必须被抛弃或修正；同样，法律和制度不管如何高效和有序，如果不正义，就必须被改革或废除。"这一论断通常被称作是正义的优先性论题。

正义的优先性论题指向的是正义作为一种价值或原则在价值体系或道德原则框架中的优先性地位。更具体地说，当其他价值或原则与正义发生冲突时，它们必须为正义让步，必须让正义的要求得到优先满足。

但事实上，总有人观念成为天宪，自以为真理在手，而不惜扭曲诋毁现实，甚至不惜歪曲真实，对真实世界视而不见。

如果一个人既已在自己的立足点上坚固地确立却要致别人于不安，如果一个人不能同情了解民胞物与，而站在旁观者的位置（哪怕是以真理或政治正确的名义）要求处于冲突中的别人，或评判处于生活紧张关系中的别人，那么他就是不诚实的。用民众的说法儿，他是站着说话不腰疼，看人挑担不吃力。用文明传统的说法儿，这是一种乡愿小人，因为"己所不欲勿施于人"。用现代文明理性的说法儿，这是有违人的良知和正义的。因名称义，他们掌握了真理就以为掌握了正义，实际上他们是离正义最遥远的一群。（余世存《从真理走向正义》）

东方寻根先生有一文《许多流行口号的非正义性》，对于其结论，暂不论其是非，但其中一些观点，本人倒是深以为然，特录于此。

当今世界，许多口号、理念大为流行。比如：民主就是进步、个人至上、本国利益至上、台湾优先等等。依据西方的思想体系，这些口号和理念都是无比正确的。但是按照这种理念行事却造成了激烈对抗和无数根本无法调和的矛盾，这种实践效果表明，此类口号或者理念是错误的。如果按照中道"半"哲学的思想，正确和真理才是判断正义的标准，共赢、共存是宇宙的本质存在，可以非常清楚地显示，这些口号和理念都是错误的，是非正义、非公平的东西。大多数人通过民主决定的东西并不一定必然正确，其中不正确的东西必然是落后的，从哪里能够得出民主就是进步

的完整结论呢？

文明社会不是建立在真理的标榜上，人的现代化不是建立在对观念的崇拜上，而是牢牢地建立在正义的基础上。从真理走向正义，才是发展中国家现代化的必由之路。

真理当然至上，但正义必须优先。

## 三、全球伦理

在我们这个星球上，有60多亿人口，6000多种语言，2500多个民族，200多个国家和地区，繁多的宗教信仰，人与人之间、国与国之间，由于利益不同、观念不同、信仰不同，难免会发生矛盾和冲突，要实现和谐共处，就必须有一个能取得广泛共识的“公共法则”，这个“公共法则”就叫做“全球伦理”。

### 1. 何谓“全球伦理”

那么什么是“全球伦理”呢？

1993年8月28日至9月4日，为纪念第一届“世界宗教议会”召集一百周年，来自世界上120多个宗教团体的六千余名代表在芝加哥召开了“世界宗教议会”第二次大会。与会代表经过长期讨论和反复修改，通过并签署了《走向全球伦理宣言》，把来自中国的“己所不欲，勿施于人”确定为“全球伦理”，并指出“这个终极的、绝对的标准，适用于人生各个范畴，家庭和社会，种族、国家和宗教。”

基督教著名自由思想神学家孔汉思（Hans Küng，又译汉斯·昆）最早提出全球伦理构想，并倡言：“没有世界伦理，则人类无法生存。没有宗教之间的和平，则没有世界和平。没有宗教之间的对话，则没有宗教和平。”

宗教是最难统一的，但是，他们对于“己所不欲，勿施于人”却是一致认可的。

若论其因由，则正如《走向全球伦理宣言》导言中说：

“我们是相互依存的。我们每一个人都依赖于整体的福利，所以，我

们珍视生物共同体，珍视人、动物和植物，珍视对地球、空气、水和土壤的保护。我们对于自己所做的一切，都负有个人的责任。”

**2. “己所不欲，勿施于人”**

“己所不欲，勿施于人”出自《论语》。

《论语·颜渊篇》：“仲弓问仁。子曰：‘出门如见大宾，使民如承大祭。己所不欲，勿施于人。在邦无怨，在家无怨。’”

《论语·卫灵公》：“子贡问曰：‘有一言而可以终生行之者乎？’子曰：‘其恕乎。己所不欲，勿施于人。”

仲弓问孔子：“如何处世才能合乎仁道呢？”孔子回答：“一个人待人接物要严肃认真对待，出门做事就像接待贵宾一样认真，役使老百姓就像承担重大祭祀一样慎重。自己不喜欢的，不要强加给别人，不论在朝在野都不要去发牢骚。”

子贡问孔子：“人生修养的道理能不能用一句话来概括？”孔子说：“那就是恕啊。自己不想要的，切勿强加给别人。”

孔夫子所谓“恕”，就是推己之心以及人。简而言之，就是眼里要有他人，心里要为他人着想。这世界并不是我一个人生活，这世界还有许许多多其他的人，他们和我一样，每个人都有自己生存和发展的权利，我生活，也要让别人生活。

“这个世界是我与他人共享的，正义是我们在这个世界上共同生活的准则，在强调每个人都应该平等稳定地获得最基本的权利的同时，每一个人都应该以公正的态度尊重他人与他人的合理要求。如果你需要自由、机会、利益、尊严、荣誉、幸福，你必须在公正的前提下，以尽你的职责的方式争取。在健康的个人与社会，公正是个心理伦理原则，而不仅是法律原则。”（周宁，厦门大学，《2006届研究生毕业典礼上的讲话》）

孔子认为，恕是可以“终身行之”的最好品德。恕，可以不受任何环境和条件的约束，几乎是人人、时时、事事、处处都可学可行，都能尽心学，尽力行。

孔子还说过："忠恕违道不远，施诸己而不愿，亦勿施于人。"（《礼记·中庸篇》）能够做到"忠"和"恕"，就是离中庸之道的最高要求已经不远了。我们不喜欢别人的意志强加于自己，那么推己及人，我们也不要把自己的意志强加给别人。

孔子告诉子贡："夫仁者，己欲立而立人，己欲达而达人。"（《论语·雍也》）所谓"仁"，就是自己想要站得住也要使他人站得住，自己欲事事行得通也应使他人事事行得通。

子贡说："我不欲人之加诸我也，吾亦欲无加诸人。"（《论语·公冶长》）我不愿意别人强加在我身上的事，我也不愿把它强加在别人身上。"孔子的回答是："呵呵，子贡啊，这可不是你能做到的。"

"己所不欲，勿施于人"的意思，当然是自己不希望他人对待自己的言行，自己也不要以那种言行对待他人。但如果从操作的角度看，笔者以为，毋宁解释为"人应当以对待自身为参照物来对待他人"。

"己所不欲，勿施于人"是我们处理人际关系、获得事业成功的法宝。

"已所不欲，勿施于人"，在无形中，把所有的人，不论富与贫，不论贵与贱，不论有无权势，不论地位高低，都概而为一。它体现的是一种"推己及人"的方法。

而今，"己所不欲，勿施于人"已被确认为人类社会应该确保的道德底线。在日内瓦国际红十字会总部里，赫然悬挂着"己所不欲，勿施于人"的语录。美国纽约联合国大厦，也有刻着"己所不欲，勿施于人"的壁画。

1985年联合国成立40周年，美国第一夫人南西·里根代表美国，把罗克韦尔镶嵌画赠送给联合国。罗克韦尔镶嵌画是根据美国艺术家诺曼·罗克韦尔的一幅名为"为人准则"的画制作的。这幅画中描绘了各个种族、信念和肤色的尊严和体面的人，想要说明，为人准则是世界各大宗教的共同主题。画里有一句题词，"Do unto as you would have them do unto you!"翻译成汉语，正是"己所不欲，勿施于人"。

"己所不欲，勿施于人"的精神是超时空的。

### 3. 黄金法则和白金法则

“己所不欲，勿施于人”，实际上给出的是一个同他人打交道的最基本的准则和底线。在“己所不欲，勿施于人”的简单八个字中，蕴含了人际交往的两大法则：黄金法则和白金法则。

“黄金法则”的精髓是“你想人家怎样待你，你也要怎样待人”。

其源出于《圣经》中的一段话：“无论何事，你们愿意人怎样待你们，你们也要怎么待人，因为这就是律法和先知的道理。”（《新约·马太福音》第7章第12节）

此外，《圣经》中还说：“你们愿意人怎样待你们，你们也要怎样待人。”（《新约·路加福音》第6章第31节）这是其肯定形式的表述，被基督徒称之为“金律”。

在犹太教经书《多比传》中，多比嘱咐其子：“你不愿意别人如何对待你，你也不要以同样的手段去对待他人。”这是其否定形式的表述。

“白金法则”的精髓在于“别人希望你怎样对待他们，你就怎样对待他们”。

这是美国托尼·亚历山德拉博士迈克尔·奥康纳博士研究的成果。亚历山德拉是美国最有影响的演说人之一，也是最受欢迎的商业广播讲座撰稿人，奥康纳是人力资源顾问、训导专家。1987年，两人发表论文阐述白金法则时，是这样一句话：“在人际交往中要取得成功，就一定要做到交往对象需要什么，我们就要在合法的条件下满足对方什么。”

遵照“黄金法则”行事，意味着在处理与他人的关系时，你首先是从自身的角度出发的。其言外之意，我们大家毫无差别，我想要或希望的也恰恰是你想要和希望的。

遵照“白金法则”行事，则意味着从研究别人的需要出发，然后调整自己行为，运用我们的智慧和才能，使别人过得轻松、舒畅。

## 链接共享

**“真”与“理”**

真：

会意。小篆字形，从华，从目，从乚（yǐn），从八。

匕，变化。目，眼睛。乚，隐藏。八，乘载的工具。

《说文》："真，仙人变形而登天也。"

本义：道家称存养本性或修真得道的人为真人。

引申义：本性，本原，自然。

理：

形声。字从玉，从里，里亦声。

"里"指"里边"、"内部"。"玉"和"里"联合起来表示"玉石内部的纹路"。

《说文》：理，治玉也。顺玉之文而剖析之。

本义：玉石内部的纹路。

引申义：顺着玉石内部的纹路切割玉石。

再引申义：顺着事物的内部道理做事。

真理：

真理是人们对于客观事物及其规律的正确反映。通常被定义为与事实或实在相一致。

真理是主观形式和客观内容的统一。

真理在形式上是主观的，因为真理属于认识范畴。不能把真理等同于客观实在。

真理在内容上是客观的，客观性乃是真理的根本属性。因为真理的内容来自于物质世界的客观事物及规律，不依赖于人和人类的主观意志。

**"正"与"义"**

正：

会意。字从一，从止。

"一"意为"一天下"、"天下定于一"、"天下一统"。"止"意为"止步"。"一"与"止"联合起来表示"征战止步于天下一统之时"。

《说文》：正，是也。

本义：为统一天下而战。

引申义：天下统一。

再引申义：基准，国家标准。

义：

（義）会意。从我，从羊。

“我”是兵器，又表仪仗。“羊”表祭牲。合起来的是为了我信仰的旗帜而牺牲。

《说文》：义，己之威仪也。

《释名》：义，宜也。裁制事物，使各宜也。

本义：为了我信仰的旗帜而不惜牺牲。

正义：

1. 公正的、正当的道理；

2. 正确的或本来的意义；

3. 公道正直，正确合理。

# 第九章　确定与非常

天鹅是吉祥物。

当年，哲学家大卫·休谟曾以天鹅为例，提出过一个很重大的问题：世界是不可知的，我们永远不能通过归纳的方法来总结出真理。你纵使看过1亿只白色的天鹅，也不能得出“天鹅是白色”这一命题，因为，也许下一只天鹅就是黑色的。

这就是著名的“休谟难题”。

后来，商业思想家和风险管理理论学者纳西姆·尼古拉斯·塔勒布（Nassim Nicholas Taleb）又以天鹅为例，提出，“黑天鹅”是不可预测的重大稀有事件，它在意料之外却又改变一切。

这就是“黑天鹅”理论。塔勒布也因此被人们称为“黑天鹅”之父。

而今，塔勒布的超级畅销书《黑天鹅》已经成为华尔街投资人士必读的经典著作。

塔勒布说：我们在自以为拥有知识这一点上非常自大。具体的说，我们高估自己的知识，而低估不确定性，也就是低估未知事件的范围。

弗里德里克·A·哈耶克（Hayek，Friedrich August），奥地利裔英国经济学家，1974年以对货币政策和商业周期的研究荣获诺贝尔经济学奖。他在题为《知识的伪装》的获奖演说中，对人类知识的局限做了如下评价：“随着科学知识的增加，我们高估了自己理解构成世界的微妙变化能力，也高估了我们对每个变化的重要性做出判断的能力”。

我们的世界里充满了确定性的知识，我们的脑海里翻腾着“如果”的浪花，奔腾着“那么”的春水，然而，恰恰是世界里的不确定性，让我们束手无策。

所以，我们要重视认识确定性，但更要重视认识非常性，也就是不确定性。

# 一、这边还是那边

**1. 好人还是坏人**

一个人，究竟是好人还是坏人呢?

这个问题不好说清。因为好人不是绝对的，坏人也不是绝对的，好人与坏人往往因为环境的改变而改变。

中国人一向喜欢用道德标准去衡量历史人物，然后非得整出一个忠奸善恶来，然而真实的历史完全不是这样的。

比如曹操是好人还是坏人，自古就有争论。易中天先生《品三国》，用了大量篇幅去讨论曹操这个人物，大家可以读读。

网络宏文《历史是什么——论读史的三层境界》便持这样的观点：真正读懂历史，最起码的一个认识就是人没有绝对的好坏之分。该文举例说：

> 演义只是一种小说体裁，不完全是史实，拿《封神演义》当历史的人可能会认为周文王好的不得了，而商纣王坏得不得了；可是如果你去读正经书《淮南子》、《孟子》，可能会发现商纣王也不像小说里描写的那么变态；如果你去读专业史书《史记》，可能会发现周文王也许不像小说里描写的那么神圣；如果进一步去读更早的《左传》，《尚书》，你的最终结论甚至可能是周文王和商纣王，这两个人谁是好人谁是坏人还真不好说。(据“老狼的江湖”新浪博客)

**2. 公平还是不公平**

公平是相对的，不公平才是绝对的。

为什么？自然条件不公平，人种选择不公平，文化法律制度不公平。

美洲很富裕，非洲很贫瘠，中东有石油，中国有稀土。这是自然条件不公平。

父母是不可以选择的，子女是不能选择的，我们自己也是不能选择的。这是人种不公平。

河南考生的录取分数很高，北京的考生录取分数很低，这是文化法律

制度不公平。原因很简单，他是北京人，你是河南人。2012 年高考全国考生 915 万，河南就有 80.58 万，占到了 8.8%，分数线能不高吗？

人与人之间不可能存在这样的绝对公平。所以我在不同场合多次讲：“合理地不公平，或者叫做不公平的合理性。”这一点，我们不仅要高度正视，还要尽量容忍。

要让西施和东施获得同样的注目，这种公平恰恰最不公平，既浪费了西施的“姿本”资源，助长了东施的个人膨胀，还强暴了男士的选择自由。将“公平”放在“公众平均”这个意义上使用，是一种认识的过错。

一件事如果只追求结果的公平，必然导致平均主义，那对经济效率的损害就太大了。干好干坏一个样，谁还会努力去干呢？惟有规则的公平才能保证竞争中机会的平等。体育比赛中运动员都必须遵守相同的规则，然而规则公平必然导致结果的不平等，因为每个运动员的能力不一样，竞争就有输有赢，就不可能平均。而结果不公平反过来又可能导致起点不公平，富家子弟与贫苦孩子就因为家庭的不同背景，因为上一代人竞争的胜负不同，而面临不同的人生起点。一个人与生俱来的东西姑且叫做禀赋吧，比如家族、健康、聪明等。每个人的禀赋是不同的，因此起点公平几乎不可能真正存在。（古古《穷人缺什么》，当代中国出版社，2005 年 10 月）

你必须承认，一些人所拥有的先天性优势是我们不能与之相比的。

有人将连胜文的迅速崛起归之于其家世背景。他辩解说，家世背景就好像翅膀，如果你是一只老虎，家世好就如虎添翼；如果你是一只蟑螂，你飞起来人家非打死你不可。连胜文的话不无道理，拥有良好家庭背景的人不乏良才，他们有志向，有出息，兢兢业业干着自己的事业。可是连胜文如果没有这样的家世，“飞起来”的机会会有多少呢？有人就曾戏谑，小布什如果不是生在一个政治家族，充其量也就是一个加油站的伙计。

所以，有人讲，我们所需要的公平只能是规则的公平，机会的公平。但这更是相对的。

**3. 优点还是缺点**

《人物志》，是三国时魏国刘邵所著的一部系统品鉴人物才性的纵横家

著作，讲述识人之术、用人之方及人性剖析，具有极其重要的历史地位。其中有云：

“夫刚略之人，不能理微，故论其大体，则宏略而高远；历纤理微，则宕往而疏越。亢厉之人，不能回挠，其论法直，则括据而公正；说变通，则否戾而不入。宽恕之人，不能速捷，论仁义，则宏详而长雅；趋时务，则迟后而不及。好奇之人，横逆而求异，造权谲，则倜傥而瑰壮；案清道，则诡常而恢迂。”（《人物志·材理》）

性格刚正、志向高远的人，不善于做细致琐碎的事情，若论大体，这类人志趣恢宏远大，但处理琐碎小事则粗糙大意。严厉亢奋的人，不会灵活处事，这种人执掌律法可以做到有理有据、正直公平，说到变通，就会变得暴躁而不通情理。宽容大度的人，往往不讲办事效率，若是说到仁义，则为人弘大周全而宽厚文雅，但对时势则不能迅速准确把握。好奇求异的人，放纵不羁，追求新奇，运用权谋诡计则卓异出众，若以清静无为之道来考究，则往往违背常规而不近人情。

这其实是说，一枚硬币总有两面。

稍有不慎，我们便走到了硬币的另一面。

勤奋是优点，但是过于勤奋，是要以“透支生命”为代价的。

一个短跑运动员，用百米冲刺的速度去跑马拉松，他可以赢得开场的喝彩，但必定会输在后半程的较量中。诸葛亮“夙夜忧虑”，事必躬亲，因为劳累过度，54 岁就英年早逝了，读史之人每每抱憾不已。苹果公司创始人乔布斯被人称为神经高度紧张的工作狂，事必躬亲，傲慢而偏执，严重透支健康，56 岁在其事业最巅峰时谢世，让全世界爱好电子的人们为之悲痛。

刚正是优点，但过于刚正，就可能与环境发生冲突。

社会生活是一个场。既然是场，就必然有其运行规则。刚正过度，就会违背整个社会生活通行的运转规则，也等于是失去了施展才学的空间。海瑞的刚正在历史上是有名的，甚至足以让人闻风丧胆，但也说明他在当时的官场上，其实已很孤立。

坦诚是优点，但过于坦诚，也会招致意外祸端。

坦诚也需要艺术，它既不是口无遮拦，也不是简单地表白，要有侧重、讲方法、把握时机。黄庭坚诗云：“万言万当，不如一默。”意思是就算你所有问题都回答的正确恰当，也不如沉默不言。张廷玉视之为其处世哲学，雍正皇帝深然之。

所以，优点不可无度。

以上之“过于”，就是超出了“适度”的界限：过犹不及！

## 二、过犹不及

“过犹不及”语出《论语·先进》：

子贡问：“师与商也孰贤？”子曰：“师也过，商也不及。”曰：“然则师愈与？”子曰：“过犹不及。”

子路问：“闻斯行诸？”子曰：“有父兄在，如之何其闻斯行之？”冉有问：“闻斯行诸？”子曰：“闻斯行之。”公西华曰：“由也问闻斯行诸，子曰，‘有父兄在’；求也问闻斯行诸，子曰，‘闻斯行之’。赤也惑，敢问。”子曰：“求也退，故进之；由也兼人，故退之。”

子贡（端木赐），子张（颛孙师），子夏（卜商），子路（仲由），冉有（冉求），公西华，都是孔子的学生。

有一次，子贡问孔子，子张师弟和子夏师弟相比，谁更贤明一些呢？孔子坦言，子张做事爱过头，常常超过周礼的要求，子夏则常常做不到位，达不到周礼的要求。子贡又问，超过一点是不是好一些？孔子回答说，呵呵，子贡啊，做过头和不到位的效果是一样的呦。

这里，在孔子看来，子张是“过”，子夏是“不及”。

又有一次，子路与冉有分别请教孔子，是否可以“闻斯行诸”——听到该做的事，是否可以立刻去做？孔子回答子路“不行”，却回答冉有“可以”。公西华不解，孔子解释说，冉有性格谦恭，遇事畏缩犹豫，所以我鼓励他临事果断；但是子路逞强好胜，遇事轻率冲动，所以我劝他三思而行。

此处，在孔子看来，子路是“过”，冉有是“不及”。

话虽如此，其实孔子的心中还是倾向于“过不如不及”的——宁可稍有不及，也不要太过。

傅佩荣先生论及此时曾说：

不及者，可以多方鼓励，指引一条人生正途。太过者，却不易悬崖勒马。以子路来说，孔子看他平日表现，就担心他“不得其死然”，恐怕不得善终。子路后来确实参与政治斗争，死于非命。孔子伤心之至。（《傅佩荣〈论语〉心得》第一辑“立志学习与人生成长·过犹不及”）

“过犹不及”是中庸思想的最好诠释。

孔子曾经慨叹：中庸之道之所以不能广为推行，原因就在于聪明的人自以为是，认识过了头；愚蠢的人智力不及，不能理解它；中庸之道之所以不能弘扬普及，原因就在于贤能的人做得太过分：不贤的人根本做不到。就像人们每天都要吃喝，但却很少有人能够真正品尝滋味。

“道之不行也，我知之矣。智者过之，愚者不及也。道之不明也，我知之矣。贤者过之，不肖者不及也。人莫不饮食也，鲜能知味也。”

正因为要么太过，要么不及，所以，总是不能做得恰到好处。

韩非讲过一个故事：

隰斯弥见田成子，田成子与登台四望。三面皆畅，南望，隰子家之树蔽之。田成子亦不言。隰子归，使人伐之。斧离数创，隰子止之。其相室曰：“何变之数也？”隰子曰：“古者有谚曰：‘知渊中之鱼者不祥。’夫田子将有大事，而我示之知微，我必危矣。不伐树，未有罪也；知人之所不言，其罪大矣。”乃不伐也。（《韩非子·说林上》）

春秋末年，齐国大夫隰斯弥有一次造访权臣田成子（即田常，时为左相），田成子带他登楼远眺。他万万没有料到，田家的高台东、西、北三面视野都很开阔，往南一看，竟是自己家的大树遮挡了视野！

隰斯弥立即回家砍树。然而家人刚刚砍了几斧头，隰斯弥马上就阻止

了。他往深处想了一层：田成子有意无意间让我看到大树蔽景，就只是为了让我把树砍掉？他沉沉不语，究竟动机何在？于是一个念头立即浮上心头：他是在试探我！

这个念头一闪，隰斯弥不由得冒出一身冷汗：他是在试探我是否能洞察他的心机！我如果把树砍掉，就等于告诉他，我知道他在想什么！隰斯弥当机立断，停止伐树。

隰斯弥的反应极为正确。几棵树不会掉脑袋，看透人家的心思可就不一定了。田成子要干改朝换代的大事，如果知道隰斯弥能够猜到他的心思，就会对隰斯弥高度警惕。所以，如果毫不犹豫地回家砍树，以显示自己的聪明，那就是嫌自己死的慢。

南宋时，秦桧的书斋“一得阁”刚落成，广州守丞送来一卷地毯，尺寸大小与“一得阁”地面竟分毫不差。收到地毯后，秦桧想的却是，你既然能如此精确地掌握到我书斋的尺寸，那我在你面前也就没有什么秘密可言了吧？结局是，没过多久，广州守丞就被干掉了。

做什么事情都要适度，不能过分，过分了就会“过犹不及”。

## 三、双刃剑

“度”是质和量的统一，是“质”（良好效果）对“量”的界限、幅度和范围。量变之于质变的根本标志就在于：事物的变化是否超出了“度”。

在工作和生活实践中，必须注意把握适“度”原则，学会审时度势、评估权衡、三思后行，避免和防止“过犹不及”。

剑，古代兵器之一，属于“短兵”，素有“百兵之君”的美称。

在中国文化里，剑与刀是两种不同的武器，剑特别用来指“双锋直型刃”，而刀则是指“单锋弯型刃”。

单刃为刀，双刃为剑。

剑既有“双刃”，那么我们在用剑之时，剑的一面对着敌人，另一面一定会对着自己。

而危险，就蕴藏在这手里的“双刃剑”里了。

**1. 宽政不易**

治国理政，是宽还是严？

子产谓子太叔曰：“唯有德者，能以宽服民；其次莫如猛。夫火烈，民望而畏之，故鲜死焉；水懦弱，民狎而玩之，则多死焉。故宽难。”（《左传·昭公二十年》）。

郑国宰相子产临死前，对继任者太叔（游吉）说：“只有最具仁德的人，才能用宽容的律法来治理人民；次一等的就只能用严厉的方法了。猛烈的大火，人看了就害怕，因此很少人被烧死；平静的溪流，人们喜欢接近嬉戏，却往往被淹死。所以用宽容的方法治国比较困难。”

宽政当然好。然而，宽不易。连子产都说：“宽难。”

子产死后，太叔治理国家，不忍用严厉的方法，于是郑国盗匪猖獗，特别是一批青年拉帮结伙成为强盗，盘据在萑苻之泽，成为国家大患。游吉率军讨伐，一天一夜才镇压下去。事后游吉叹道：“我若一开始就按子产教导的去做，事态就不会这样严重了。”

如果对干部的管理失之于宽、失之于软，如果疏于教育、放松管理，面对功名利禄与灯红酒绿，一些自律不严、责任心不强的人难免就会迷失自我、迷失方向，从庸俗化和“小毛病”最终到“小洞不补，大洞吃苦”，“千里之堤，溃于蚁穴”。

看来，宽容也是双刃剑。

**2. 立法如渊**

春秋末年，三家分晋，韩、赵、魏三家各有上党地区的一部分。赵简子派家臣董阏（yān）于出任赵家控制的那一部分的郡长官。

董阏于为赵上地守，行石邑山中，涧深，峭如墙，深百仞，因问其旁乡左右曰：“人尝有入此者乎？”对曰：“无有。”曰：“婴儿痴聋狂悖之人尝有入此者乎？”对曰：“无有。”曰：“牛马犬彘尝有入此者乎？”对曰：“无有。”董阏于喟然太息曰：“吾能治矣。使吾法之无赦，犹入涧之必死也，则人莫之敢犯也，何为不治？”（《韩非子·内储说上七术》）

董阏于巡视石邑山中，看见山涧深邃陡峭，细问之下，附近不仅没有人跌下去过，小孩、痴聋、疯颠的人也没有跌下去过，甚至连牛马狗猪都不曾跌下去过。董阏于感叹说：“我如对罪犯严惩不贷，使他们好像掉下深涧必死一样，就没有人敢触犯法令了，怎么会治理不好上党呢？”

董阏于的意思有三层：第一，仁爱太过，法度就很难建立，刑罚不能坚确，禁令就无法推行；第二，所以，不如严刑峻法，让民众不敢犯法。第三，其实，严刑峻法才是真正地爱惜民众。

这就是“立法如渊”的来历。

“立法如渊”，就是通过“重其轻者”，对犯轻罪的人处以重罚，使“轻者不至，重者不来”，以达到“以刑去刑”，也就是用刑罚来消除刑罚的目的。因为小恩小惠，待民以宽，非但不能劝导人们向善，而且是引导人们去犯罪。

**3. 塞翁失马**

“塞翁失马”的故事，您还记得吗？

近塞上之人，有善术者，马无故亡而入胡。人皆吊之，其父曰：“此何遽不为福乎？”居数月，其马将胡骏马而归。人皆贺之，其父曰：“此何遽不能为祸乎？”家富良马，其子好骑，堕而折其髀。人皆吊之，其父曰：“此何遽不为福乎？”居一年，胡人大入塞，丁壮者引弦而战。近塞之人，死者十九。此独以跛之故，父子相保。（《淮南子·人间训》）

祸福也是双刃剑。

所以，老子说：“祸兮福之所倚，福兮祸之所伏。”（《道德经》）

所以，《淮南子》感慨：“故福之为祸，祸之为福，化不可极，深不可测也。”

所以，《太上感应篇》说：“福祸无门，惟人自召。”

**4. 天生丽质难自弃**

白居易《长恨歌》云：“天生丽质难自弃，一朝选在君王侧。回眸一笑百媚生，六宫粉黛无颜色。”

民间有句说法：“天妒红颜”。自古红颜多薄命，美丽的女人总是生活坎坷，命运多舛。

若说当年，杨玉环天生丽质，堪称那个时代的第一美女，此后千余年无出其右者。自然也是命运多舛，缢死马嵬驿，香消玉殒。

至于今日，也仍有人在问：天生丽质不能给美人们带来一生的幸福，伴随而来的却往往是终生的孤独和哀愁。“好花不常开，好景不常在”，这首《何日君再来》是否就是周璇的写照？

“天生丽质”也是双刃剑。

你的才华、能力、品格、相貌，能给你带来机遇，也能给你带来限制。能给你带来鲜花和掌声，但同样也能给你带来苍蝇和蒺藜。

要不然，为什么会“红颜薄命”？要不然，为什么会“好事多磨”？

## 四、爱你有商量

商量是商决、计议和讨论，更是讨价还价。

商品的质是固定的，可以协商的往往只有“量”，所以叫“商量”。这个“量”既包括交易的数量，也包括报酬的数量。

商量是解决世界争端唯一有效途径，也是通行世界的有效手段。所以说，商量很重要。

之所以要进行商量，是因为这个世界的不确定性。而商量的目的，就是追求圆满。

河南豫剧里，有两出传统经典剧目，《包青天》和《三哭殿》，就是商量的经典。

《包青天》故事梗概：陈世美进京赶考，中状元后被皇帝招为驸马。妻子秦香莲久无陈世美音讯，携子上京寻夫，但陈世美不肯相认，丞相王延龄劝说未果，让秦香莲找包拯告状。陈世美派校尉韩琪追杀秦香莲，韩琪不忍下手只好自尽以求义。包拯找得人证物证，欲定驸马之罪，公主与太后皆赶至阻挡，包拯终不让步。皇帝下旨要求放人，秦香莲激将之下，包拯将陈世美正法。

在《包青天》的故事里，包拯接案后，陈世美很顽固、秦香莲很倔强，拒绝商量。陈世美被捕后，皇姑很高傲、太后又失当，没法商量。最

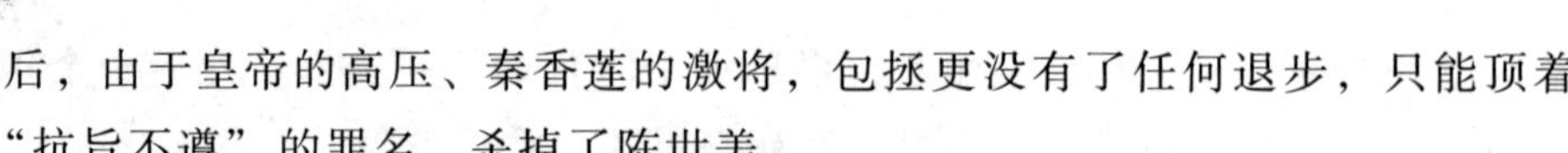


后，由于皇帝的高压、秦香莲的激将，包拯更没有了任何退步，只能顶着“抗旨不遵”的罪名，杀掉了陈世美。

结果是，与包拯有着深厚友谊的皇姑（包拯初入宫，皇姑曾予高度赞赏并赐予红绫遮面）没有面子，来救丈夫，丈夫被杀；身为国母的太后没有面子，来帮女儿救人，人没救成，自己也失了老脸；权威至高无上的皇帝没有面子，下圣旨救妹夫没有救下；执法如山的包拯也没有面子，开罪了一批超级权贵，还落了个“抗旨不遵”的罪名。其实，劝人劝出个尴尬的王丞相也没有面子，好心好意却在门生那里栽了个跟头；来认丈夫没有认成的秦香莲更没有面子，告了丈夫又逼着包拯杀了丈夫，世人如何看待她？

大家都没有面子，说明大家都有错。陈世美贪恋富贵，皇姑骄横轻法，太后恃权强逼，皇帝圣旨高压，包拯不通情面，秦香莲绝情决杀。但实际上，妻子救丈夫，皇姑没有错；母亲帮女儿，太后没有错；为了妹妹救妹夫，皇帝没有错；职责所在，严格执法，包拯也没有错。就是给陈世美做思想工作的王丞相，想大事化小，也没有错，甚至逼官杀夫的秦香莲，只是要讨个公道，也没有错。

就是因为大家都缺乏变通，不能商量，一帮都没有错的人，最终却导致这样一个不好的结局。

在《三哭殿》里，大家也都有错。

《三哭殿》故事梗概：大唐贞观年间驸马之子秦英，在金水桥钓鱼，适逢太师詹洪纪经过，道锣惊散鱼儿，秦英失手打死太师。太师之女詹贵妃哭奏于太宗，要求斩秦英为父报仇。银屏公主绑子上殿，并搬请太后，一同要求释放秦英。太宗杀、放两难，百般劝解，命公主跪请詹妃宽恕。詹妃以国事为重，同意释放秦英。

这个故事的结果是大家都有面子。皇姑救儿子，活了；太后帮女儿，成了；皇帝劝贵妃，听了。贵妃让大家都有了面子，自己也落了个“贤良”的大面子。

圆满就是大家都有面子。

要想使事情圆满，就要学会在制度的弹性之内讲究情理。

也就是要学会商量。

## 链接共享

**“确”与“定”**

确：

形声。从石，角声。

《说文》：确，磬石也。

本义：坚固、坚硬的磬石和号角。在古人看来，石磬与号角，都是不易变形的东西。

引申义：牢固，实在，完全。

转义：真实的，经得起考验的。

定：

会意。字从宀（miǎn），从正，正亦声。

“正”意为“统一”。“宀”为“宇”省。“宀”和“正”联合起来表示“宇内一统”。

《说文》：定，安也。

本义：国家安稳的局面。

转义：确切的状态（如时间、地点、人物等）。

确定：

1. 固定；
2. 明确肯定；
3. 坚定；
4. 必然，确实无疑；
5. 表示坚决。

**“非”与“常”**

非：

甫微切，音“飞”。金文作“兆”，像“飞”字下面相背展开的双翅形，双翅相背，表示违背。

《说文》：非，违也。从飞下翅，取其相背也。凡非之属皆从非。

本义：违背，不合。

常：

形声。从巾，尚声。从巾者，取其方幅也。

《说文》：常，下裙也。上曰衣，下曰裳。

《玉篇》：常，恒也。

《正韵》：常，久也。

本义：旗。

引伸义：经常。

非常：

1. 不合惯例，不适时宜；
2. 不同寻常；
3. 突如其来的事变；
4. 非分，不合本分；
5. 很，十分；
6. 佛教语：无常。

# 第十章 大体与细节

大体，是大要，纲领，重要的义理，有关大局的道理。

有大体，就有小体。

大体、小体之分，源自于孟子的一句话：“从其大体者为大人，从其小体者为小人。”（《孟子·告子上》）

弟子公都子大惑不解：同样是人，为何有人从其大体，有人从其小体？

孟子解释说：耳、目、四肢是人的感觉器官，与外物接触，容易被外物勾引，所以是小体。心的功能在于思考，人能用心思考，就不会被外物所蔽，所以是大体。人心和思考是上天特意赋予我们人类的，也是我们的善良本心不会被物欲所蒙蔽的根本。

## 一、大行不顾细谨

识大体、知大体，就是懂得事情的要领或有关大局的道理。不然，便是不识大体，不知大体。

**1. 鸿门宴**

在鸿门宴的尾声阶段，西汉开国元勋樊哙曾有一句名言，传于今日不衰。

这便是“大行不顾细谨，大礼不辞小让”。

沛公已出，项王使都尉陈平召沛公。沛公曰：“今者出，未辞也，为之奈何？”樊哙曰：“大行不顾细谨，大礼不辞小让。如今人方为刀俎，我为鱼肉，何辞为？”于是遂去。（《史记·项羽本纪》）

刘邦借上厕所的机会从鸿门宴上逃出来后，项羽派都尉陈平来叫他入

席。刘邦对樊哙说："现在我出来了，没有来得及告辞，怎么办？"樊哙说："干大事不必顾及小的礼节，讲大节无须讲究小的责备，如今人家好比是刀子砧板，我们好比是鱼和肉，你老不抓紧时间逃跑，还告辞干什么！跑路要紧！"于是留下张良道歉，一行人溜之乎也。

在这里，大行即是大体。

樊哙识大体。

识大体就要"知大局"。知大局才能眼界开阔、思路宽广，想问题、做决策、办事情才会始终坚持以大局为重，"只见树木、不见森林"显然不是知大局，识大体。

**2. 不识大体**

观诸史籍，不识大体的人不少。

公元前 262 年，秦国攻韩，韩国割让上党地区予秦。上党守将冯亭不想降秦，而愿以 17 座城池降赵。当时平阳君赵豹认为这是"欲嫁其祸于赵也"，坚决反对。平原君赵胜则贪图这 17 座城邑，说："发百万之军而攻，逾岁未得一城，今坐受城市邑十七，此大利，不可失也。"劝赵王授纳冯亭，于是引起了长平之战，赵军 40 万人被坑杀（《史记·赵世家》）。

司马迁评论说："平原君，翩翩浊世之佳公子也，然未睹大体。"平原君在混乱的战国时代，是风流洒脱、富有才华的公子，可是却不识大体。

唐穆宗元和十五年（公元 820 年），田弘正受命出任成德军节度。考虑到"常山之人久隔朝化，人情易为变扰"，他收拢了两千镇兵为亲军，请求朝廷拨付粮米军饷。度支使崔倰以为朝廷没有先例，恐怕此例一开，加重朝廷财政负担，"固阻其请，凡四上表不报"，拒绝支付。田弘正不得已将两千镇兵遣还节度使。随后，镇军叛乱，田弘正和"家属、参佐、将吏等三百余口并遇害"（《旧唐书·田弘正传》），"河北三镇"叛乱的大门再次开启。

崔倰也是晚唐一代名臣，然而，他无视藩镇割据、收拢不易的大局，仅仅为了两千人的粮米，致使田弘正被杀，大局崩坏，北边糜烂。史书称其"不知大体"，是为持平之论。

"夏四月壬戌朔，直隶总督方观承劾奏巡检张若瀛擅责内监僧人。上斥为不识大体，仍谕内监在外生事者听人责惩。"（《清史稿·高宗本纪》）

乾隆二十二年（1757 年）四月，皇帝巡行滦阳，随侍太监滋扰民间，被张廷玉族侄、热河巡检张若瀛打了一顿棍棒。直隶总督方观承大惊失色，立即上表弹劾张若瀛。乾隆了解情况后，降特旨将张若瀛连升七级，提拔为同知，并将犯事太监流放充军（《啸亭杂录·张若瀛》）。

皇帝家奴为非作歹，如不严加管束，岂不坏了皇帝名声？方承观被斥为不识大体，不为无因。

**3. “丙吉问牛”**

当然，识大体的人也很多。

譬如“丙吉问牛”的故事。

丙吉为相，出郊，遇途人有殴死者，不问。遇有逐牛而喘者，问曰：牛行几里矣。或曰前后失问。吉曰：“方今少阳用事，犹未太热，牛喘出舌，恐阴阳失序。三公调理阴阳，职当忧，故问之。殴死人者，自有京兆官治之，非宰相之当问也。”（《汉书·丙吉传》）。

西汉宣帝时，丞相丙吉一次到长安城外视察，路边有人打架斗殴出了人命，丙吉吩咐绕道而行。再往前走，遇到有人追牛，牛气喘急，吐出舌头。丙吉停车让随员过去问：“牛走了几里了？”身边人员不解丞相为何不问人命问追牛，丙吉解释：“现在是春天，天气并不热，这头牛就喘气，我担心的是气候不合节令，恐怕今年会有瘟疫流行。预防瘟疫是天下大事，是宰相职责所在，我是宰相，应该管。打架斗殴出了人命，自有地方官按律处理，不是一国宰相应当过问的。”

如果一国丞相老去管斗殴偷窃等一类的琐事，那他决不会是一名称职的丞相。

丙吉知大体。

**4. “陈平不知钱谷之数”**

孝文皇帝既益明习国家事，朝而问右丞相勃曰：“天下一岁决狱几何？”勃谢曰：“不知。”问：“天下一岁钱谷出入几何？”勃又谢不知，汗出沾背，愧不能对。于是上亦问左丞相平。平曰：“有主者。”上曰：“主者谓谁？”平曰：“陛下即问决狱，责廷尉；问钱谷，责治粟内史。”上曰：

"苟各有主者，而君所主者何事也?"平谢曰："主臣！陛下不知其驽下，使待罪宰相。宰相者，上佐天子理阴阳，顺四时，下育万物之宜，外镇抚四夷诸侯，内亲附百姓，使卿大夫各得任其职焉。"孝文帝乃称善。(《史记·陈丞相世家》)

西汉孝文皇帝即位之后，在一次朝会上问右丞相周勃："全国一年判决案件多少?"周勃回答不知。又问："全国一年钱粮收支多少?"周勃又答不知，汗流浃背，惭愧难言。文帝又问左丞相陈平，陈平说："这些事自有主管的人。"文帝追问："谁主管?"陈平答："陛下若问判决案件情况，可询问廷尉；若问钱粮收支情况，可询问治粟内史。"文帝说："如果各有主管的人，那么您干什么事呢?"陈平说："管理群臣。臣任宰相，宰相一职，上辅佐天子调理阴阳，顺应四时，下养育万物适时生长，外镇四夷诸侯，内抚黎民百姓，使公卿大夫各任其职。"文帝称赞他回答得好。

故事的续集是，周勃退朝后埋怨陈平："您平时怎么不教我回答这些话!"陈平笑着说："您身居相位，不知道丞相的职责吗？陛下如若问起长安城中盗贼的数目，您也要勉强凑数来对答吗?"周勃深知自己的才能远不如陈平，不久即托病辞职，陈平遂独任丞相一职。

陈平知大体。

但是，讲大体，并不意味着就可以忽视细节。

**5. 吕元膺的临终嘱咐**

任何事物都有一个从量变到质变的发展过程，平时不拘小节，就有可能微恙成大疾，小问题演化成大问题。所以，欧阳修在《伶官传序》中说："夫祸患常积于忽微，而智勇多困于所溺。"

尽管樊哙先生当年有"大行不顾细谨，大礼不辞小让"的名言，可那是在"人为刀俎，我为鱼肉"的环境下说的。而且，"不矜细行，必累大德。"《尚书·旅獒》不顾惜小节方面的修养，到头来会伤害大节，酿成终生的遗憾。有人认为，"行大事不拘小节"、"小节无伤大雅"，其实不然。

吕元膺为东都留守，常与处士对棋。棋次，有文簿堆拥，元膺方秉笔阅览。棋侣谓吕必不顾局矣，因私易一子以自胜，吕辄已窥之，而棋侣不悟。翼日，吕请棋处士他适，内外人莫测，棋者亦不安，乃以束帛赆之。

如是十年许，吕寝疾将亟，儿侄列前，吕曰："游处交友，尔宜精择。吾为东都留守，有一棋者云云，吾以他事俾去。易一着棋子，亦未足介意，但心迹可畏。亟言之，即虑其忧慑；终不言，又恐汝辈灭裂于知闻。"言毕，惆然长逝。(《芝田录》)

唐代名臣吕元膺临终之际，给子侄辈讲了一个小事：当年他任东都洛阳留守时，经常和门客在一起下棋。有一次，吕元膺一边下棋，一边批阅公文，竟忘了下棋。门客趁机偷换了一枚棋子，但他这个小动作让吕元膺看到了。第二天，他就请门客另谋高就了。

吕元膺生前的最后一句话，是嘱咐子侄："结交朋友，一定要仔细地选择。换棋子是小事，也不值得介意，但反映出此人心迹可怕。几次想说这件事，又怕那人受影响；不说吧，又怕你们毁于这一类小事上，所以才这个时候告诉你们。"

刘向有言："福生于微，祸生于忽。"（《说苑·谈丛》）意谓福泽来自点滴的积累，灾祸源自小小的疏忽。而且，在刘向看来，大体恰恰就蕴含在细节中："以所见可以占未发，睹小节固足以知大体。"（《说苑·尊贤》。）

刘备临终之际，告诫刘禅："勿以恶小而为之，勿以善小而不为。"好事要从小事做起，积小成大，也可成大事；坏事也要从小事开始防范，否则积少成多，也会坏大事。所以，不要因为好事小而不做，更不能因为不好的事小而去做。小善积多了就成为利天下的大善，而小恶积多了则"足以乱国家"。

所以，我们要重视讲求大体，但更要重视关注细节。

## 二、细节决定成败

"一叶一菩提，一花一世界"。生活的一切原本由细节构成，而细节往往最容易被人忽视。殊不知，细小的事情往往发挥着重大的作用。

一个错误的数据，可以导致整个报告成为一堆废纸；一个标点的错误，可以使几个通宵的心血白费；一个烟头的失误，可以导致一生的努力付诸东流，一生的命运彻底改变。

1989 年，新疆乌鲁木齐市某工厂到日本印塑料包装袋，不知是中方设计不细，还是日方操作不慎，将乌鲁木齐印成了“鸟鲁木齐”，几百万元顿时化为乌有。

1998 年 11 月，北京电视台《元元说话》报道：一本《中国外商投资企业名录》的书，出激光样时，工作人员失误，把企业的地区代号 DZ 和邮编代号 YZ 搞混了，结果某单位依据这本书上的名录寄出的邀请函，有上千封因邮编错误退了回来。

细节是平凡的、具体的、零散的，一句话、一个动作、一件小事……细节很小，容易被人们所忽视，但恰恰是这些细节，改变了事物的方向，改变了人们的命运。

这就是细节的作用，这就是细节的重要，这就是细节的力量。

“细”，就是小事情。

古英格兰有一首名谣：“少了一枚铁钉，掉了一只马掌，掉了一只马掌，丢了一匹战马，丢了一匹战马，败了一场战役，败了一场战役，丢了一个国家。”

1485 年，为争夺王位，英格兰国王理查三世与里奇蒙德伯爵血战波斯沃斯。战前，理查三世让马夫给自己的战马钉马掌，铁匠钉到第四个马掌时，差一个钉子，便偷偷敷衍了事。大战之中，忽然一只马掌掉了，国王被掀翻在地，结果被杀，王国随之易主。

百分之一的错误导致了百分之百的失败，一钉损一马，一马失社稷，一个远去的王朝在风中悲鸣。

美国 2012 年大选的决定性力量，是美国的拉丁后裔。因为美国的总统选举，基本上就是几个州决定。而这几个州的人，就决定你能不能当上总统。比如佛罗里达州就是一个关键州。这里的选民，有可能几百票就决定你的命运——2000 年美国大选，布什就是小胜戈尔 1784 票而已。

科技的进步不都是打破故旧以后重新改造，而多是在关注细节的改进中进步的。日本人把缝衣针出口到中国时，中国的厂商愤愤不平，以为中国人的崇洋心态在作怪，然而一看人家的产品，敬佩之心油然而生。我们的针孔是圆的，而日本人的针孔是长的，而且针孔更大，对于经常需要穿

针引线的老太太来说，这一细节是至关重要的。

台湾首富郭台铭最常挂在口中的一句话就是："魔鬼藏在细节中。"这本是西方的一句俗语。在郭台铭看来，细节的掌握，是企业致胜的重要关键。

惠普创始人戴维·帕卡德说："小事成就大事，细节成就完美。"

德国连锁超市 DM 的总裁格茨·维尔纳也说："奥秘全在细微处。"

柏拉图则说："对于将军或政治家来说，如果他们只注意大事而忽略小节，他们的结果也不会更好；如果没有小石头，大石头也不会稳稳当当地矗立着。"

我们也有类似的古训："天下难事，必做于易；天下大事，必做于细。"（《老子》第六十三章）意思是做大事必须从做小事开始，天下的难事必定从容易的做起。

海尔董事局主席，首席执行官张瑞敏在谈到创新时曾说："创新存在于企业的每一个细节之中。"

成功者一个很重要的方面，就是关注细节。笔者给公务员、企业员工培训"礼仪知识"，经常给他们讲一句话："细节体现教养，细节展示素质，细节决定成败。"

在中国，想把小事作为事由的人很多，但愿意把小事做细的人很少。我们从不缺少雄韬伟略的战略家、精明能干的管理者，缺少的恰恰是精益求精的执行者；我们从不缺少管理制度规章条理，缺少的恰恰是不折不扣的执行。

"身是菩提树，心如明镜台，时时勤拂拭，莫使有尘埃。"所以，大家要更加关注细节。

## 三、一碗羊汤的故事

"细"，不仅包括小事情，也包括小人物。

中山君飨都士，大夫司马子期在焉。羊羹不遍，司马子期怒而走于楚，说楚王伐中山，中山君亡。（《战国策·中山》"中山君飨都士"）

有一次，中山国君熬了一锅羊肉汤犒赏群臣，人人都有一碗，偏偏轮到小臣司马子期的时候，羊汤盛完了。司马子期心里怒火燃烧，决定报复，于是叛逃楚国，把中山国的军事机密，都告诉了楚王，并且鼓动楚王攻打中山国。果然，中山国被灭。中山国君因一碗羊汤丢了王位，只能出逃外国、四海流亡了。

故事的续集是：中山君逃亡，却有两个人追随不舍，中山君问其故，两人回答说："我们的父亲有一次饿得快要死了，您曾赏给他一壶熟食吃。他临死时说：'中山君有了危难，你们一定要为他而死。'所以特来为您效命。"中山君仰天长叹："施与不在多少，在于人家困难；仇怨不在深浅，在于伤了人心。我因为一碗羊肉汤丢了国家，因为一壶熟食得到了两个勇士！"

一碗羊汤毁了一个国家，小人物作乱恶果惊人吧。

如果这个案例是战国策士们胡乱嫁接历史的话，那么华元的故事则是载之史册，确凿不疑的：

郑伐宋，宋华元、乐吕御之。羊斟为华元御，华元杀羊以飨士而不及斟。将战，斟曰："畴昔之羊，子为政，今日之御，我为政。"驰入郑师，宋遂败。（《左传·宣公二年》）

春秋时，郑国攻打宋国。宋国大将华元和乐吕率军抵抗。大战在即，为了鼓舞士气，华元命人熬了一大锅羊肉汤给大家喝。没有想到的是，轮到华元的车夫羊斟，羊汤没有了。羊斟羞愧之余，暗下决心要报复华元。第二天，双方摆好阵势准备开战的时候，羊斟却狠抽马鞭，让战车冲向敌阵。华元问其故，羊斟回答说："昨天给不给羊肉汤喝，是你的权力，今天的车往哪里赶，是我车夫的权力。"结果华元被俘，宋军大败。

可怜华元壮志未酬，就稀里糊涂地成了战俘。以至于数百年后，还有人翻这笔历史旧账：

"淡薄贵无味，羊斟崭大羹。"（唐·郑薰《赠巩畴》）

"跃马共思追兔迹，抱戈谁与置羊斟。"（金·王琢《同漕使对雪》）

公元383年，已经一统北方的苻坚南下灭晋，然而淝水一战，苻坚以绝对优势战败，前秦帝国因此迅速土崩瓦解，北方又重新回到了四分五裂的局面之中。中国统一的良机，被朱序的一嗓子“秦军败了，秦军败了”大大地推迟了。

小人物不仅能够毁家灭国，他们的厉害之处还在于能够深刻地影响历史的走向。

项羽垓下被围，到最后自尽，这原因有很多，但是有一个细节是不能忽略的，那就是他突围之后，一个农夫指错了路，耽误了很多时间，以至后面被汉军追上了。《资治通鉴》里面记载“项王夜闻汉军四面皆楚歌……乘其骏马名骓，麾下壮士骑从者才八百人，直夜溃围南出驰走。项王渡淮，骑能属者百余人。至阴陵（安徽定远县西北）迷失道，问一田父，田父绐‘左’。左，乃陷大泽中，以故汉军追及之。”绐，音dài，古同“诒”，欺骗、欺诈。如果农夫没有指错路，汉军未必能追上他。历史说不定又得重写了。项羽的死，源于“农夫的一指”。（据李志宏《两个故事——小人物也能够改变历史》，有删改）

李志宏先生由此得出结论：我们相信，英雄人物对改变历史进程有着重要的作用，但是绝对不能忽略小人物的存在。在一定的条件下，他们也能够改变历史。

一部《二十四史》，这样的小人物不在少数。他们中有的能成事，如伍子胥遇到的渔夫，韩信碰到的漂母；也有的败了事，官渡之战袁绍战败是因为许攸的叛逃，唐朝叛将史思明被杀则是源于士兵的一个眼色。他们是天平上的蚂蚁，也是骆驼背上的稻草。一旦机缘到了，他们就会成为推动或者减缓、甚至改变历史进程的人。

## 四、却是平流无石处，时时闻说有沉沦

“细”，不仅包括小事情、小人物，也包括那些看来十分正常的小关节。

《古文观止》选方孝孺史论两篇，其中《深虑论》在于提醒建文帝

“盛世”之下决不能掉以轻心，要注意潜在的危机。其开篇即言：

“虑天下者，常图其所难而忽其所易，备其所可畏而遗其所不疑。然而，祸常发于所忽之中，而乱常起于不足疑之事。”（《深虑论》）

考虑天下大事的人，非常注重艰难危险的一面，而常常忽略素常容易的一面；非常注重防范随时会出现的重大事件，而常常遗漏不足疑虑的事情。然而，祸乱常常在疏忽之际发生，变乱常常在不足虑的事上突起。

尽管方孝孺本文将历代兴亡原因归结为天意，不足深道，但开篇之论仍不愧为深刻洞见。因为他敏锐地触及到了人性中的一个大弱点：“图其所难而忽其所易，备其所可畏而遗其所不疑。”

三国后期，东吴宗室孙綝擅权，吴主孙亮与国舅、黄门侍郎全纪谋诛孙綝：

一日，吴主孙亮闷坐，黄门侍郎全纪在侧，纪乃国舅也。亮因泣告曰：“孙綝专权妄杀，欺朕太甚；今不图之，必为后患。”纪曰：“陛下但有用臣处，臣万死不辞。”亮曰：“卿可只今点起禁兵，与将军刘丞各把城门，朕自出杀孙綝。但此事切不可令卿母知之，卿母乃綝之姊也。倘若泄漏，误朕匪轻。”纪曰：“乞陛下草诏与臣。临行事之时，臣将诏示众，使綝手下人皆不敢妄动。”亮从之，即写密诏付纪。纪受诏归家，密告其父全尚。尚知此事，乃告妻曰：“三日内杀孙綝矣。”妻曰：“杀之是也。”口虽应之，却私令人持书报知孙綝。綝大怒，当夜便唤弟兄四人，点起精兵，先围大内；一面将全尚、刘丞并其家小俱拿下。比及平明，吴主孙亮听得宫门外金鼓大震，内侍慌入奏曰：“孙綝引兵围了内苑。”亮大怒，指全后骂曰：“汝父兄误我大事矣！”（《三国志演义》第一百十三回）

孙亮特别嘱咐之下，全纪谋事不密，不仅全家被杀，还连累了皇帝——孙亮被废为会稽王。全母顾念姐弟之情，孙綝却不讲甥舅之谊。呵呵，全纪该死！

风靡一时的电视剧《神探狄仁杰》里，狄大人的一句口头禅就是：“就是这样一个小小的疏忽，断送了你们的全部计划！”

杜荀鹤《泾溪》诗云："泾溪石险人竟慎，终岁不闻倾覆人。却是平流无石处，时时闻说有沉沦。"

这首诗言语明白晓畅，道理却深邃隽永。

生活的辩证法就是这般无情。最危险的地方，人们小心谨慎，反而不易出事故；"却是平流无石处"，人们认为思想松懈，大而化之，结果常常发生"沉沦"。

"泾溪石险"，固然是一种考验，而"平流无石"，则无疑更是严峻的考验。"石险"处从容镇定，"无石"处居安思危，方可足论。

智者善于以小见大，从平淡无奇的琐事中参悟深邃的哲理。名人之所以成为名人，其实没有什么特殊的原因，仅仅是比普通人多注重一些细节而已。

细节决定习惯，习惯决定性格，性格决定命运。

## 链接共享

**"大"与"体"**

大：

象形。甲骨文字形，象人的正面形，有手有脚。

"大"如四肢伸展的人形和危襟正坐的统治者形象。

《说文》：大，天大，地大，人亦大。象人形。

本义：原指思想自由的人，泛指大小的"大"。

体：

形声。繁体字（體）从骨，从豊（lǐ），豊亦声。

"豊"意为"等级系列"。"骨"指人身骨架。"骨"与"豊"联合起来表示"骨节系列"。

《说文》：体，总十二属之名也。

《释名》：体，第也。

《广韵》：体，四支也。

本义：人身上的骨节系列。

大体：

1. 重要的义理，有关大局的道理；

2. 大要，纲领；

3. 大致，大概。

**“细”与“节”**

细：

形声。字从糸（mì），从思省，思亦声。

“思”意为“关心粮食问题”、“考虑吃饭问题”。“糸”指丝帛，引申指“（纤维结构）周密”。“糸”与“思”联合起来表示“（对粮食问题）深思入微”。

《说文》：细，微也。从糸，囟（xìn）声。按，细者，细之微也。

《广雅》：细，小也。

本义：深思入微。

转义：（问题的细节）微小。

节：

形声。从竹，即声。

《说文》：节，竹约也。又操也。（约，是竹子的环束，就是竹节。）

本义：竹节。

泛指草木枝干间坚实结节的部分。

细节：

1. 无关紧要的小事小节；

2. 细小的情节。

# 第十一章　世界与自我

自我与世界的关系是一个最重要的哲学问题。一切哲学的努力，都是在寻求自我与世界的某种统一。

世界是一个整体，自我也是一个整体。

世界又是一个我之外，包围我、容纳我、禁锢我的无际空间。

## 一、外面的世界很精彩，外面的世界也很无奈

张潮《幽梦影》有云："情之一字，所以维系世界；才之一字，所以粉饰乾坤。"

我们对于所面对的世界，无论是情感世界还是事业世界，从哲学意义上讲，你的出发点都是征服。

可是，"外面的世界很精彩，外面的世界也很无奈"，无奈的世界带给了我们巨大的压力。

精彩是醉心的，无奈是必然的，而不曾明白"精彩"之后还有"无奈"，狂热之后还有伤逝则又是可怜的。

可是，人们依然期待这个世界只有精彩而没有无奈。

于是，"理想化"成为我们失望的根源。

世界上的事物都有其正面和反面，人生也有得有失，有顺有逆，有胜有败，有进有退，有祸有福，有荣有辱。但是，顺境易处，逆境难为，关键在于以什么样的态度对待顺境和逆境。不论顺逆、不论圆缺、不论福祸，都要理解别人，善待自己，这才是处理好个人与世界关系的关键。

日本著名农学家、思想家和教育家新渡户稻造的《修养》一书作于100年前的1911年，在日本曾风靡一个世纪。在书中，新渡户稻造为现代普通人确立了极平凡但也非常高远的"修养"目标："自省而果敢，即使贫穷内心也会满足，即使受到诽谤也会自得其乐，即使身陷逆境也会感到

幸福，怀着感激之情度过每一天。”

任何环境中，人还有一种最后的自由，就是选择自己的心态。凡事不过分追求、不过分祈盼、不过分喜怒哀乐，顺其自然，但求心安。心安则健康，不然则有病。

据国家卫生和计划生育委员会疾病控制中心统计，2014 年中国有心理问题和精神疾病的人口比例达到 7% 以上，总人数超过一亿并呈上升趋势。据保守估计，目前我国每年大约有 25 万人自杀，约 100 万人自杀未遂，约 2600 万人有不同程度的抑郁症。专家指出，威胁人类最大的疾病，19 世纪是肺病，20 世纪是癌症，21 世纪是精神疾病。这种说法值得深思。

生命的存在是一个“有”，生命的终极却是一个“无”。知进退，晓有节，进退有据，智慧、洒脱，能在名利场中审时度势，牢牢把握住自己不至于利令智昏，这样不仅容易取得成就，而且事业能够持久。

所以，我们要重视征服世界，但更要重视善待自我。

善待自我，首先要降低依赖度。

## 二、降低依赖度

一个人的成长过程，其实就是逐步降低对外界依赖度的过程。

德国诗人歌德曾说过：“谁若不能主宰自己，谁就永远是一个奴隶。”

成长固然离不开外界的帮助，但要达到更高更好，我们还是需要摆脱这种依赖。因为公司、团队、朋友、家人，这些外力都是可变的，不确定因素相对较大。当外力发生变化时，我们怎么办？

实际上，我们对于外界的依赖，更多的是一种心理依赖。

依赖心理是日常生活中较为常见的一种心理表现，其主要特征是在自立、自信、自主方面发展不成熟，过分地依赖他人，经常需要他人的帮助和指导，遇事往往犹豫不决，缺乏自信，很难单独进行自己的计划或做自己的事，总是依赖他人为自己作出决策或指出方向。

据心理学专家研究，产生依赖心理的主要原因有两个方面：一是教育不当引起的心理依赖，不懂生活的艰难，养成了做事靠父母的依赖心理，

缺乏独立生活和处理问题的能力。二是自卑衍生出来的心理依赖，在自卑心的驱使下，不自觉地把自己放在配角位置，心甘情愿地受他人的支配。

一个人自我调节能力越强，对外界的依赖程度就越低。

降低依赖度，讲究三句话。

第一句话："达则兼济天下，穷则独善其身。"

本句出自《孟子·尽心上》，原为"穷则独善其身，达则兼善天下"。后人习惯先"达"而后"穷"，并改"兼善"为"兼济"，并不失孟子原义。意思是士人贫困时不失去仁义，显达时不背离道德。也有人解释为，失意时要洁身自好修身养性，得志时要能使天下行善好德，也就是孟子所说的"穷不失义，达不离道"。

前半句"达则兼济天下"，表达了儒家的理想主义和入世精神，后半句"穷则独善其身"，则显示出道家的豁达态度与出世境界。

在此处，我们主要关注的是"穷"。

不屈从、不苟合、刚直不阿、清醒处世的君子品格，是儒家对待政治权势的正面态度与做人的一个基本原则。一旦"礼崩乐坏"，无法尽责，则"独善其身"。

曾子曰："天下有道，则君子欣然以交同；天下无道，则衡言不革；诸侯不听，则不干其士；听而不贤，则不践其朝。"（《大戴礼记·解诂》）

这些话，活脱脱映现了一个"刚直不阿"的君子形象。穷则心存忍耐，安得下心，耐得住寂寞，不做不可为的事情，不急所不可急的事情。陶渊明不为五斗米折腰而采菊东篱下，林逋梅妻鹤子乐天知命，都是"穷"时的逍遥。

作为现代人，无论是做官、还是做民，无论富裕、还是贫困，无论顺意、还是逆境，内心修养素质的程度都决定着幸福快乐的指数高低。修养可以决定命运、转变命运、改善命运，修养好时坏能变好、修养差时好能变坏。无数事实证明，在达时能够"兼济天下"、穷时能够"独善其身"的人，乐观上进、努力好学，代代家传德厚，辈辈事业有成，自然枝繁叶茂，繁衍不绝。真正在工作、学习和生活中实践"达则兼济天下、穷则独善其身"，不惟是国家之幸、民族之幸、单位之幸、企业之幸，也是家庭

之幸和个人之幸。

这句话讲的是进退有节。

进退有节是一种哲学，一种人生策略。有节把握的就是一个“度”，体现的就是圆融和灵活。

第二句话：“不以物喜，不以己悲。”

本句出自北宋文学家范仲淹的《岳阳楼记》，意思就是不因外物的好坏和自己的得失而或喜或悲，不因一时的成功和失败而妄自菲薄，无论何时都保持一种豁达淡然的心态。范仲淹被朱熹称为“有史以来天地间第一流人物”，“不以物喜，不以己悲”反映的正是他的处事深远和豁达胸襟。

任何事情有好的一面和不好的一面，不好的一面，是有可能向好的一面进行转化的。“塞翁失马”的故事也告诉我们，无论遇到福还是祸，都要调整自己的心态，都要超越时间和空间去观察问题，都要考虑到事物有可能出现的极端变化。

“赤眉破平，士吏劳苦，始虽垂翅回溪，终能奋翼黾池，可谓‘失之东隅，收之桑榆’。方论功赏，以答大勋。”（《后汉书·冯异传》）

东隅：东方日出处，指早晨；桑、榆：指日落处，也指日暮。

东汉建国之初，光武帝刘秀派大将冯异率军西征，敉平赤眉军。赤眉佯败，在回溪之地大破冯军。冯异重召散兵，复使人混入赤眉，然后内外夹攻，在崤底之地大破赤眉。事后，汉光武帝刘秀下诏褒奖，谓冯异初虽在回溪失利，但终能在渑池获胜，可谓在此先有所失，后在彼终有所得，当论功行赏，以表战功。

“失之东隅，收之桑榆”的故事告诉我们，在一处有所失，在另一处则终有所得。但我们在工作和生活中，要更加关注“有所得必有所失”。

请大家仔细体味“有所得必有所失”与“有所失必有所得”的不同之处。

看来，无论福事变祸事，还是祸事变福事，都有足够的心理承受能力。所以，要淡定豁达，不要因为莫名的欲望而破坏自己祥和的心境。

“不以物喜，不以己悲”是平常心。

第三句话："人生本无乡，心安是归处。"

本句语出白居易《初出城留别》。原诗云："朝从紫禁归，暮出青门去。勿言城东陌，便是江南路。扬鞭簇车马，挥手辞亲故。我生本无乡，心安是归处。"

苏大学士有一首《定风波》，词曰："常羡人间琢玉郎，天应乞与点酥娘。尽道清歌传皓齿，风起，雪飞炎海变清凉。万里归来颜愈少，微笑，笑时犹带岭梅香。试问岭南应不好？却道，此心安处是吾乡。"序中交待："王定国歌儿曰柔奴，姓宇文氏。定国南迁归，予问柔：广南风土应是不好？柔对曰：此心安处，便是吾乡。因用其语缀词云：试问岭南应不好？却道，此心安处是吾乡。"

"安"，当然是心灵之永恒的安宁。

这种心灵之安，不仅可以使人"其寝不梦，其觉无忧"，也能让人无论处于何种环境之中，都保持一种祥和淡然的心态。

人生中的苦难可以造就人的不幸，但同时也可以磨炼人的意志并造就高尚的人格魅力。"此心安处是吾乡"这一名言在相隔千百年后，仍然可以激励人们的意志，勉励人们不要在磨难中消沉，在红尘浊世中保有一份乐观潇洒的心境。

## 三、秘诀

那么，如何善于调节和控制自己情绪呢？

明末清初一代大儒王夫之认为，做人要做到"六然"和"四看"。

所谓"六然"，分别是指一个人在"自处"、"处人"、"无事"、"处事"、"得意"、"失意"等不同情状下的正常表现或反应。

一是"自处超然"。自处时要超然，达观、豁达。就是要有淡泊超脱的胸襟，以高层次、高时尚的人生境界来观照自己，净化自己。

二是"处人蔼然"。对待别人要和蔼和气，与人为善。对人不论尊卑、尊重平等、一视同仁、宽容和蔼，丝毫没有见人说人话、见鬼讲鬼话的俗气。

三是“无事澄然”。没有事的时候要非常宁静，安然平静。如果说自处超然有点淡泊的意思，无事澄然就是宁静。淡泊可以明志，宁静可以致远。

四是“处事断然”。平日注重积累，在意经历总结，凡事成竹在胸，每逢大事断然抉择，不见犹豫徘徊。犹犹豫豫、黏黏糊糊、拖拖拉拉、犹豫不决，非君子所为。

五是“得意淡然”。就是说得意的时候要淡然，淡泊名利诱惑，凡事求真实在。宠辱不惊，才能“闲看庭前花开花落”。

六是“失意泰然”。失意的时候要泰然处之，淡定自如，将失意之时看作为颐养之机，坦然面对。

所谓“四看”，分别是指一个人在“大事难事”、“逆境顺境”、“临喜临怒”、“群行群止”等不同境遇下的正常表现或反应。

第一，大事难事看担当。遇到大事难事，要看你能不能勇于面对它，是不是不回避、不逃避，勇敢地担当起来。

第二，逆境顺境看襟怀。碰到逆境了，或者处于顺境了，要看你的襟怀，够不够豁达，能不能够承受得起。身处逆境之时应该心若止水，不要怨天尤人。身在顺境之中应该扎实前行，不要洋洋自得。

第三，临喜临怒看涵养。得失之际，看能不能做到“宠辱不惊”，能不能做到“大喜临门不张扬，无故加之而不怒”。

第四，群行群止看识见。所谓行止，也就是去留的意思。不跟风、不附会、不入圈子、不人云亦云，处处展示出见识非凡。跟大家一起相处、一起行事的时候，就要和大家一样。碰到去留的问题，看你能不能做出正确的判断，该去就去，该留就留。

这“六然”和“四看”，实际上是一种对人生、对社会很透彻的了解和把握。

在拙著《做人·为官·治事·养心》中，笔者曾提出过“调整三不烦，内外两不拿”，“快乐八句话”。本书再提出“十二字秘诀”，希望能对各位有所帮助。

一是“安慰”。

人的意识能够调节情绪的发生和强度，所以我们要善于用意识控制自己，提醒自己应当保持理性，还可进行自我暗示，保持一定程度的自我安

慰，告诉自己一切都会过去。在特别难受的时候可以稍微搞上一杯两杯，和自己谈谈心，自我鼓励一下。也可以用“制怒”、“忍”、“冷静”等自我提醒、自我命令、自我暗示，调节情绪。如林则徐在墙上挂有“制怒”二字的条幅，康熙皇帝晚年手书“耐烦”，都是用来控制与调节情绪的例证。这叫做意识调节。

二是“规律”。

保持有规律的生活，饮食起居有常，守时守信，自我约束，以稳定的生活带动稳定的心情，并且品尝平凡日子的情趣所在。闲暇时，多出去走走。大自然的奇山秀水常能震撼人的心灵。登上高山，会有开阔之感。放眼大海，会有超脱之得。走进森林，会有清新之意。这种美好的感觉往往都是良好情绪的诱导剂。这叫做心情维护。

三是“爱好”。

保持自己一贯的爱好，做一些自己平时喜欢做的事情，把注意力从自己的消极情绪上转移到其它方面上去，疏解郁闷。情绪压抑的时候，打打球、散散步、听听音乐，对于缓和心情是非常有益的。这叫做注意转移。

四是“整洁”。

环境对情绪有重要的调节和制约作用。要保持自己以及周围环境的整洁。越是心情不好越是要把自己弄干净，打扮一下，给自己一个好形象；同时工作生活的房间院落也要尽量保持干净整齐，这样也能改善心情，减轻心理压力。到外边走一走，能起调节作用。心情不快时，到娱乐场做做游戏，会消愁解闷。情绪忧虑时，可以去看看小品、滑稽电影。这叫做环境传导。

五是“充实”。

保持充实的生活状态，即使心情再不好，也要有事情做，特别是做一些新鲜的、有挑战意味的任务，这样能使良性的情绪逐渐占上风。当情绪不好时，要有意识地转移话题或做点别的事情来分散注意力，这叫做行动稀释。

六是“朋友”。

保持和朋友的接触与沟通，遇到不愉快的事情及委屈，可以向知心朋友或亲人诉说出来或大哭一场。和朋友在一起可以释放不良的情绪，有益于保持身心健康。特别是那些乐观风趣的朋友，会带来明朗的心情，使不

愉快情绪荡然无存，立即变得轻松起来。这叫做语言释放。

## 链接共享

**“世”与“界”**

世：

金文字形。古人以三十年为一世。

《说文》：世，三十年为一世。从卅而曳长之，亦取其声也。按，父子相继曰世。其引伸之义也。曳长之，谓末笔也。

《字汇》：世，父子相代为一世。

本义：三十年。

引伸义：父子相继。

界：

会意。从田，介声。

《说文》：界，境也。按，田畔也。

《尔雅》：界，垂也。

本义：边垂，边境

世界：

中文中的“世界”一词，来源于佛教用语，“世”为时间意，“界”为空间意。

“古往今来曰世，上下四方曰界”，世界就是全部时间与空间的总称，但现在世界偏指空间。通常指人类所生活居住的地球。更广义的世界指全宇宙

**“自”与“我”**

自：

象形。小篆字形。象鼻形，古文形体。

《说文》：自，鼻也。象鼻形。凡自之属皆从自。

《广雅》：自，从也。

《玉篇》：自，由也。

本义：鼻子。

引申义：本人，己身。

我：

会意。从手，从戈，意为“以手持戈”。

《说文》：我，施身自谓也。

《广韵》：我，已称也。

本义：手持战戈的人。

引申义：我（第一人称复数名词。“国之大事，在祀与戎”，古代王室称统治天下的本部族为“手持战戈的人”，即“我”。集体名词。）

再引申义：余、予、我（第一人称单数名词）。

自我：

1. 指自己；

2. 与现实有关的个性的意识部分，自己对自己，自己肯定自己；

3. 独立主体存在的自觉性；

4. 相偶，相依。（自，犹相。）

# 下篇　前进方向

# 第十二章　十字路口

常记溪亭日暮，沉醉不知归路。兴尽晚回舟，误入藕花深处。争渡，争渡，惊起一滩鸥鹭。

——李清照《如梦令·常记溪亭日暮》

向左？还是向右？

很多时候，我们不得不站在人生的十字路口左右徘徊，选择自己前进的方向。

十字路口往往是转折点。

十字路口充满诱惑，所以我们犹豫不决。

十字路口大雾弥漫，所以我们迷茫不定。

一旦选择失误，结果自不待言。而且，做出的努力越大，距离出发点就越远。

魏王欲攻邯郸，季梁谏曰："今者臣来，见人于大行，方北面而持其驾，告臣曰：'我欲之楚。'臣曰：'君之楚，将奚为北面？'曰：'吾马良。'臣曰：'马虽良，此非楚之路也。'曰：'吾用多。'臣曰：'用虽多，此非楚之路也。'曰：'吾御者善。'此数者愈善，而离楚愈远耳。今王动欲成霸王，举欲信于天下。恃王国之大，兵之精锐，而攻邯郸，以广地尊名。王之动愈数，而离王愈远耳，犹至楚而北行也。"

战国末期，魏国国力渐衰，可是魏安厘王仍想出兵伐赵。谋臣季梁正本奉命出使，闻此大惊，立刻半途折回，劝谏安厘王："今天我回来时，在路上遇见一个人正驾车北行，他告诉我说：'我想到楚国去。'我说：'你既然要到楚国去，为什么往北走呢？'他说：'我的马好。'我说：'即使你的马再好，但这不是去楚国的路啊！'他说：'我的路费多。'我说：

‘即使你的路费再多，但这不是去楚国的路啊。’他又说：‘我的车夫技术好。’可是他的这几个条件越好，他离楚国就越远啊！而今，您想要成霸主之宏业，建威信于天下，却依仗国大兵精攻打邯郸，来扩充土地，提升名望。大王您这样的行动越多，就离建立王业越远，就像是去楚国却往北方走啊。”

季梁讲的故事，就是“南辕北辙”，季梁说的道理，就是“背道而驰”。

十字路口，需要我们善于思考问题、勇于解决问题，更需要我们换位思考、辩证分析。

“行迷方向但看日，度尽山险方逾沙。”（宋欧阳修《重赠刘原父》）

只有这样，我们才能不断地提高看待问题的高度和广度。

只有这样，我们才能把握住正确的前进方向。

平坦的大道总有转弯的时候，
平坦的大道总有十字路口，
平坦的大道总有选择抛弃你的权力！
十字路口到了，
它就是验证你智慧的地方！

——歌曲《十字路口》

# 第十三章　责任心

什么是责任？当前似乎还没有统一的说法。譬如《辞海》中就没有“责任”条目的确切解释。

若论对责任解释的全面，莫过于《汉语大词典》。含义有三：

1. 使人担当某种职务和职责；
2. 谓份内应做的事；
3. 做不好份内应做的事，因而应该承担的过失。

简言之，任职，份内事，因过失而受查处是责任的三层基本含义。

其实，责任就是你所扮演的角色所应当承担的义务，是一个成熟的人对自己的内心和环境完全承担的能力和行为。

一个人对责任的感知和感受，就是责任心。

## 一、灿烂“群心”中的核心

责任心，也可称为责任感。

责任感包含了六个因素：自信，有条理，可依赖，追求成就，自律，深思熟虑。这是现在为大家普遍认可的是 Costa 和 McCrae 在 NEO－PIR 测验手册中对于责任感的定义。

通俗地说，所谓责任心，就是指个人对自己、对他人、对家庭、对集体、对社会、对国家所负责任的认识、情感和信念，以及与之相应的遵守规范、承担责任和履行义务的自觉态度。责任心与自尊心、自信心、进取心、雄心、恒心、事业心、孝心、关心、慈悲心、同情心、怜悯心、善心相比，是“群心”灿烂中的核心。

责任心体现在三个阶段：一是做事情之前，二是做事情的过程中，三是事情做完后出了问题。

第一阶段，做事之前要想到后果。

第二阶段，做事过程中尽量控制事情向好的方向发展，防止坏的结果出现。

第三阶段，出了问题敢于承担责任。

勇于承担责任和积极承担责任不仅是一个人的勇气问题，而且也标志着一个人的心地是否自信，是否光明磊落，是否恐惧未来。

责任是一切道德的基础。忠、孝、仁、义、礼、智、信，中华民族几千年传统美德，强调的都是同一个词——责任。

责任是一切动力的源泉。志不大者智不达，有责任感才会有远大的理想和抱负。责任出智慧，出勇气，出力量。人的每一项潜能都因为有了责任的驱动，才变得更强大。

责任是一种客观需要。公仆有为民服务的责任，领导有科学决策的责任，军人有保家卫国的责任，医生有救死扶伤的责任，父母有养儿育女的责任，儿女有赡养父母的责任……

责任是一种主观追求。同样的工作，同样的条件，有人干得好，有人干得差，差别就在于有没有责任心。尽心尽责，再复杂的问题也能迎刃而解；漠视责任，再简单的工作也会出现差错。（“何平九论”之六《责任重于泰山》，《河南日报》2011 年 1 月 14 日）

责任心也是能力。

时下有一本畅销书，叫《责任胜于能力》。该书指出，“责任胜于能力”是全球 500 强企业奉为圭臬的理念和价值观，是造就优秀员工的第一思想准则和行为指南。

责任胜于能力，是因为责任本身就是一种能力，履行职责才能让能力展现最大价值。所以，IBM 把“永远具有强烈的责任意识”作为公司企业文化的核心。

责任心也是财富。

作家爱默生说：“责任具有至高无上的价值，它是一种伟大的品格，在所有价值中它处于最高的位置。”

责任心出激情，出智慧，出力量。有了责任心，再危险的工作也能减少风险；没有责任心，再安全的岗位也会出现险情。责任心强，再大的困难也可以克服；责任心差，很小的问题也可能酿成大祸。难道那些造成一幕幕家破人亡的悲剧、敲响一次次警钟的灾难和事故，还不能对我们有所启发？

一位企业管理者曾说：“如果你能真正钉好一枚纽扣，这应该比你缝制出一件粗制滥造的衣服更有价值。”

所以，深圳华为公司提出：“认真负责和管理有效的员工是公司最大的财富。”

责任心更是智慧。

如果说，“一盎司的责任胜过一磅的智慧”，未免有些言过其实，但勇于承担责任，是每一位优秀员工迈向成功的第一准则：一个富有责任感的员工，不为失败找理由，因为他敢于承担责任；不为错误找借口，因为他善于承担责任；不为公司添麻烦，因为他乐于承担责任！

所以，美国总统奥巴马在他的就职演说中说：“这个时代不是逃避责任，而是要拥抱责任。”

负责任是人类最宝贵的品质。

人可以不伟大，可以不富有，但不可以没有责任心。

坚守一份责任，就是坚守着生命的追求与信念，就是享受着工作的乐趣和生活的幸福。

## 二、匹夫有责

天下兴亡，匹夫有责。

国家大事每个人都有责任。顾炎武《日知录·正始》就说：“保天下者，匹夫之贱，与有责焉耳矣。”

“鞠躬尽瘁，死而后已”，讲的是责任。

且不论《后出师表》是否诸葛亲笔，然有此一语，足为世人传诵。

鞠躬尽瘁，就是以生命去尽职，去完成人生；死而后已，就是以死亡去尽责，去履行事业。不但完成自己的人生，而且用死亡履行自己对社会的责任和义务。

“先天下之忧而忧，后天下之乐而乐”，讲的是责任。

在天下人忧愁之前先忧愁，在天下人安居乐业之后自己才会觉得快

乐，意思就是把国家，民族的利益摆在首位，为祖国的前途、命运担忧分愁，为天底下的人民幸福出汗、流血。

这句话因为范仲淹《岳阳楼记》而垂千古，其典出《孟子·梁惠王下》：

齐宣公问孟子："贤者亦有此乐乎?"孟子对曰："乐民之乐者，民亦乐其乐；忧民之忧者，民亦忧其忧。乐以天下，忧以天下，然而不王者，未之有也。"

"位卑未敢忘忧国"，讲的是责任。

宋孝宗淳熙三年（1176）春，五十二岁的陆游，以"恃酒颓放"被免去军职，客居成都江边浣花村，大病二十余日，至四月，方得痊愈。夜读《出师表》有感，作《病起书怀》，中有"位卑未敢忘忧国"之句，谓虽然自己地位低微，但是从没忘掉忧国忧民的责任。此句遂成为后世忧国忧民的寒素之士用以自警自励的名言。

"苟利社稷，死生以之"，讲的是责任。

郑国大夫子产因改革军赋制度遭到国人毁谤，子产说："何害？苟利社稷，死生以之。"（《左传·昭公四年》）于是有了林则徐"苟利国家生死以，岂因祸福避趋之"（《赴戍登程口占示家人》）的名言，只要于国有利，即使牺牲生命也在所不惜，生死早在度外，哪里会因为可能受到祸害而躲避？

如此，"我们不是为自己而生，我们的国家赋予了我们应尽的责任。"（古罗马马库斯·图留斯·西塞罗《论责任》）

然而，匹夫的责，却不仅仅是"天下兴亡"。

一个个人，要为国家尽忠；一个员工，要为单位尽责；一个党员，要为组织尽职，一个兄弟，要为朋友尽义；一个儿女，要为父母尽孝；一个长辈，要为子女尽慈。这也都是匹夫之责。

梁任公昔曾有言："人生于天地之间，各有责任。知责任者，大丈夫之始也。行责任者，大丈夫之终也。自放弃其责任，则是自放弃其所以为人之具也。是故人也者，对于一家而有一家之责任，对于一国而有一国之责任，对于世界而有世界之责任。一家之人各各自放弃其责任，则家必

落，一国之人各各自放弃其责任，则国必亡；全世界人人各各自放弃责任，则世界必毁。”（《饮冰室文集》）

一个人，总是要“活在责任和义务里。”

这是已故台湾国学大师耕云先生的话。这句话他曾在北京和台北多所大学反复强调，并一再告诫诸学子：每个人都是社会的一份子，要尽到对社会的责任和义务；同时又是家庭的一份子，也要尽到对家庭的责任和义务。他说：如果我们每个人都能对社会和家庭尽到应尽的责任和义务，那么我们这个社会就会少了许多纷争和掠夺，少了许多艰险和罪恶，而多一些安宁和祥和。

诚哉斯言，允为笃论！

## 三、心随责走

责任无处不在，存在于生命的每一个岗位。

之所以如此，是因为责任对每个人来说都是一种与生俱来的使命，它伴随着我们生命的始终。无论是对家庭的责任、还是对工作的责任、对社会的责任、对生命的责任，只要我们对肩负的责任认同了，就要把这份责任履行到终止，甚至坚守一生。

强烈的责任心，是做人的最基本准则之一。正是责任，赋予了我们生活一定的“沉重感”。

有了责任，民族才有希望。有了责任，生命才会闪光。有了责任，人格才最高贵。有了责任，事业才能发达。

有了责任心，文明才能进步；有了责任心，社会才能平安。有了责任心，才保证了诚信，保证了服务，保证了敬业，保证了创造，保证了社会的可持续性。有了责任心，才会有汶川大地震、玉树大地震、舟曲泥石流、雅安大地震废墟旁对生命的不弃不离。有了责任心，才有了张丽莉老师推开学生自己却倒在飞驰的车轮下，有了责任心，才有了吴斌师傅遭到意外撞击首先想的却是乘客的生命安危。

心之到处，即有责任，即为责任。

因此，心会跟责一起走。

心随责走，是负责任的境界。有了责任的时候，就要让责任牢牢在心

里扎根。

曾子曰："士不可以不弘毅，任重而道远。仁以为己任，不亦重乎？死而后已，不亦远乎？"（《论语·泰伯章》）

曾子的意思是：士人不可不志向远大，意志坚强，因为他肩负重任，路途遥远。以实行仁道为己任，不是很重大吗？直到死才能罢休，不是很遥远吗？

晋商之所以能够把"票号"做到达三江而通四海，靠的就是"诚信"两个字，也是"责任"两个字。

任何人都不可能脱离责任而生存。因此，责任就成了份内和不得不做的事情。

给了你一个岗位，既是把一份权力交给了你，更是把一种责任交给了你。不管是国内还是国外，岗位都是稀缺的资源。不是人人想要就能要得到的，也不是具备了条件就一定能够任职的。它可能有十个人具备了这种条件，但是最终只用一个人。所以我们要珍惜岗位，要对得起岗位。

是啊，你不站岗我不站岗，谁保卫咱祖国谁来保卫家？

讲责任，体现着生活的价值，映照着人生的意义。歌德说得好："尽力履行你的职责，那你就会立刻知道你的价值。"

文学巨匠巴金说过："我写作只是为了一个目标，对我生活其中的社会有所贡献，对读者尽一个同胞的责任。我从未中断与读者的联系，一直把读者的期望看成对我的鞭策。"

印度著名文学家普列姆昌德说过："责任感常常会纠正人的狭隘性，当我们徘徊于迷途的时候，它会成为可靠的向导。"

正是因为有了这种责任感，我们才会有崇高感。

当然，对于我们这些工作在基层的干部来说，责任同时也是一种发展自我的机遇，一种发展自我的手段。

讲责任，就要讲态度。

## 三、态度决定一切

“态度决定一切”。

“态度决定一切”，是美国人罗曼·文森特·皮尔所著的一本书的书名。

此书曾在美国最畅销书排行榜上整整待了十年时间。从此，“态度决定一切”成为表达积极思维力量、传递正能量的一句口头禅，传遍了全世界。

对于这本书，洛克菲勒基金会首席执行官罗伯特·曼极为推崇，认为它“具有一种将强大的精神转换成巨大的财富的力量”。

对于这本书，美国经院哲学家 M·阿奎那甚至说：“从中我们可以找到心灵的安慰和人性的尊严。”

因为前国家足球队主教练米卢的推崇，这句话在中国迅速传播开来。

为什么说“态度决定一切”呢？

一个人的生活状态、人生方向完全受控于其生存态度的牵引。用什么样的态度对待生活，就有什么样的生活现实。态度影响我们的事业、生活、人际关系，决定我们的人生成败。所以说，态度决定一切。

“影响力训练”机构两万以上人次调查的结果显示，决定一个人成为成功者最关键的要素中，80% 是属于个人自我价值取向的“态度”类因素，如积极、努力、恒心、雄心、爱心、意志力等；13% 是属于后天自我修炼的“技巧”类因素，如各种能力；7% 是属于运气、机遇、环境、时间、天赋、背景等所谓客观的因素。能否具备技巧，是因为我们的态度，因为技巧根源于态度；能否驾驭客观因素，还是因为我们的态度，因为它根源于我们对待客观因素的态度以及把握客观因素的技巧，而“技巧”已被证明属于“态度”。

未来学家佛里曼在《世界是平的》一书中预言道：“21 世纪的核心竞争力是态度。”他告诉我们，积极的态度已经成为当今最为稀缺、珍贵的资源，它是个人决胜于未来的最大资本，是纵横职场最核心的竞争力！

“态度”竟有如此神奇的力量？

作为社会心理学中的一个概念，态度有不同的定义。但目前被大家公认的较好解释则是：

态度是个体对某一特定事物、观念或他人稳固的，由认知、情感和行为倾向等三个成分组成的心理倾向。

“知之为知之，不知为不知”，是一种态度。

“见贤思齐焉，见不贤而内自省也”，也是一种态度。

在一个组织里，有人的勤勉进取，或志存高远，或精诚所至，或位卑未敢忘忧国，或不妄自菲薄；有的人悠闲自在，闲看庭前花开花落，漫望天外云卷云舒；有的人得过且过，当一天和尚撞一天钟。不同的态度决定了不同的业绩和成果。

态度是成功的基础，工作态度决定成就高度。卓越的工作表现，都需要积极的态度。

因此，我们不能保证你具有了某种态度就一定能成功，但是成功的人们都有着一些相同的态度。

态度其实也是一种能力，是一种比技术知识更为重要的能力。

心有多高，路就能走多远。有什么样的态度就有什么样的结果。

态度就是竞争力，而且是第一竞争力。

一个人的成功，85%取决于积极主动的态度，而只有15%取决于智力和所知道的事实和数据。

道理其实很简单，在态度的内在力量驱使下，我们常常会产生一种使命感和自驱力，而这种感觉所带来的收获有时远远超出我们最美好的构想。

纽约中央铁路公司前总裁佛里德利·威尔森被问及如何对待工作和事业时说：

“一个人，不论是在挖土，或者是在经营大公司，他都认为自己的工作是一项神圣的使命。不论工作条件多么困难，或需要多么艰苦的训练，始终以积极的态度去进行。只有抱着这种态度，任何人都会成功，也一定能达到目的，实现目标。”

《砌墙》是一个西方的传统版的教育故事。

有三个工人在砌墙，一个人经过此地，分别问他们："你在干什么？"

甲工人说："砌墙。"

乙工人说："我在建房子啊！"

丙工人很愉快地回答道："我正在盖一座大楼。"

若干年后的故事结局有几种不同的版本，其结局大同小异。

甲工人还是砌墙的工人，乙工人成了工程师，丙工人成就最大，有的说是成了前面两个人的老板，有的说是成了这个城市的市长。

同样的起点，不一样的终点。故事很短，却发人深省。

"境出心造，事在人为。"

人的成功与否、平凡与否，都由自己对事情的态度所决定。

思想决定态度，态度决定高度。

心理学家马斯洛说：心态变，则态度变；态度变，则行为变；行为变，则习惯变；习惯变，则命运变！

成功是因为态度！

让我们记住这一令人吮指回味的结论。

## 四、白起之死

就说秦国名将白起。

白起号称"人屠"，与王翦、廉颇、李牧并称"战国四将"，是秦国历史上战功最为卓著的大将，也是中国历史上自孙武、吴起之后又一个杰出的军事家、统帅。他征战沙场37年，攻城七十余座，歼敌上百万，未尝一败绩，为秦国一统天下立下了不世之功。司马迁称赞白起"料敌合变，出奇无穷，声震天下"。

但从态度的角度看，白起之死却也是深刻的教训。

四十八年十月，秦复定上党郡……韩、赵恐，使苏代厚币说秦相应侯……于是应侯言于秦王曰："秦兵劳，请许韩、赵之割地以和，且休士卒。"王听之，割韩垣雍、赵六城以和。正月，皆罢兵。武安君闻之，由是与应侯有隙。

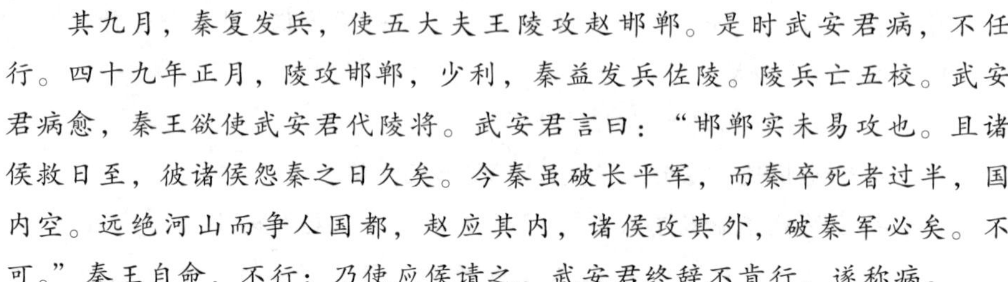


其九月，秦复发兵，使五大夫王陵攻赵邯郸。是时武安君病，不任行。四十九年正月，陵攻邯郸，少利，秦益发兵佐陵。陵兵亡五校。武安君病愈，秦王欲使武安君代陵将。武安君言曰："邯郸实未易攻也。且诸侯救日至，彼诸侯怨秦之日久矣。今秦虽破长平军，而秦卒死者过半，国内空。远绝河山而争人国都，赵应其内，诸侯攻其外，破秦军必矣。不可。"秦王自命，不行；乃使应侯请之，武安君终辞不肯行，遂称病。

秦王使王龁代陵将，八九月围邯郸，不能拔。楚使春申君及魏公子将兵数十万攻秦军，秦军多失亡。武安君言曰："秦不听臣计，今如何矣！"秦王闻之，怒，强起武安君，武安君遂称病笃。应侯请之，不起。於是免武安君为士伍，迁之阴密。武安君病，未能行。居三月，诸侯攻秦军急，秦军数却，使者日至。秦王乃使人遣白起，不得留咸阳中。武安君既行，出咸阳西门十里，至杜邮。秦昭王与应侯群臣议曰："白起之迁，其意尚怏怏不服，有馀言。"秦王乃使使者赐之剑，自裁。（《史记·白起王翦列传》）

现在我们来分析一下白起的态度问题。

长平之战后，白起本拟乘胜灭赵。韩国和赵国惊恐万分，派苏代用重金贿赂秦相应侯范雎。于是范雎以秦兵疲惫、急待休养为由，请求允许韩、赵割地求和。昭王应允。白起闻知大怒，从此与范雎结下仇怨。

第一步，白起认为范雎受贿，因私废公，非常不满。

然而从另一个角度看，长平之战，秦国已经尽发倾国之兵，范雎提出的秦兵疲惫、急待休养的理由也算正当。况且，尽管建议是范雎提出的，但决策者和命令的下达者毕竟还是秦昭王。白起正确的做法应该是说服秦昭王，而不是结怨于范雎。尽管白起与被范雎逼走的前国相魏冉是亲家，想来二人早有矛盾，但无论如何，将相不和不是国家之福。

第二步，昭王四十八年九月，因赵国毁约，秦发兵使王陵再攻邯郸。白起因病不能随行。次年正月，王陵攻邯郸不顺利，秦王增发重兵支援，结果王陵再败，损失五名校尉。这时白起病愈，秦王欲以白起代王陵为将攻邯郸。白起认为时机错失，坚持"不可攻赵"。

在再攻邯郸，王陵两败的形势下，秦王想让白起接替王陵为将，实际上是很委婉地向白起道了歉。但白起认为这个仗不能打，理由倒也充足：

“从国外看，邯郸不易攻取，诸侯救兵一日之内就可到达。从国内看，长平之战，秦兵死者过半，国内空虚。现在长途跋涉进攻赵国首都，赵国若与诸侯救兵里应外合，秦军必败。所以不可开战。”但秦昭王不这么看：你白起早先要打，现在不打，是不是意气用事，要挟君主？

第三步，昭王派范雎去请，白起始终拒绝，称病不起。

白起拒不挂帅，秦昭王又派范雎亲自来请，这里面也包含了让范雎向白起道歉的意思。这时候，倘若白起转变态度，积极参与分析谋划，不管仗是不是继续打，不管他是不是能为将，或者能挽回天心，得到秦昭王的理解。

然而，白起还是不肯答应，并称病不起。白起的这种态度不仅让范雎难堪，也使秦昭王不再对白起抱有希望。

第四步，秦昭王改派长平之战中白起的副手王龁接替王陵围攻邯郸，再次战败。

秦昭王不再跟白起较劲，临阵改派王龁为将，再攻邯郸。果然，形势如当初白起分析的一样，楚春申君及魏信陵君率军救援（窃符救赵和毛遂自荐两则故事便出于此时），内外夹击，王龁战败，秦军伤亡惨重。消息传回国内，白起说：“当初大王不听我的计谋，现在如何？”白起的意思模棱两可，但在秦昭王听来，却是真真切切的幸灾乐祸。

第五步，秦昭王大怒之下，抱着对白起的最后一丝幻想，强令白起出征，白起还是不肯就范，自称病重不出。秦王再派范雎来请，白起自然也没给他面子。

白起的这种态度，使秦昭王终于到了忍耐的极限，也彻底对他死了心。于是下令革除白起的一切官爵，贬为士兵，立即迁往阴密（今甘肃灵台县西）居住。被一撸到底的白起，因为有病没有立即前往贬谪地。

第六步，在白起留居咸阳的三个月，形势大变，诸侯不断向秦军发起进攻，秦军节节退却。战场上的连连失利，却令秦昭王将一腔怨恨全都发泄到白起身上。他再也不想见到白起，于是强令白起，马上动身离开咸阳。

白起抱病离开咸阳。就在他离开后，秦昭王和范雎等群臣商议，认为白起被贬迁出咸阳，怏怏不服，必有怨言，不如处死。于是，派出使者，带着宝剑，追上白起，令他自裁。白起伏剑自刎。

在攻打邯郸的问题上，白起和秦王之间本来有很好的沟通载体和平台，除了战争这个因素外，至少还有秦昭王的两次拜将任命，范雎的两次登门之请，而白起都没有抓住和利用好这些机会，而是一味的固执己见，称病坚辞。他的这种不以国家利益为重，不以大局为重的态度激怒了秦王，最终招致杀身之祸。

白起之死，死于他个人任性胡为的不合作态度。

# 第十四章　信任度

一个人的成长和成功离不开环境的支持。

成功的标准，就是做多大的事业。在过去是当多大的官，现在也包括赚多大的钱，还有在你工作的领域有多高的地位。但是我们要明白，一个人的成功不光是个人的努力，更多的取决于环境的支持。

“信任”是我们的环境，“领导”也是我们的环境。身处在这个环境下，我们无时无刻不被这种环境所影响着。

无疑，在职员成长的所有环境要素中，领导的满意和认可是第一位的。因为只有上级满意和认可了，一切才有机会。

要想获得领导的满意和认可，首先要取得领导的信任。

本章所谓信任度，就是指一个职员在上级领导心目中所受信任的程度。

当然，信任度越高，领导的支持力就越大，成长进步的环境就越好。

## 一、从“子路济民”说起

子路，即仲由，又字季路，春秋末年鲁国卞人，孔子的得意门生，性格爽直率真，以政事见称。孔子了解其为人，对他评价很高，认为可备大臣之数。子路曾做过卫国蒲邑（今河南长垣）的大夫。

“子路济民”的故事，多见于典籍，在《孔子家语》和刘向的《说苑》中，都有记载。在《韩非子》里，把故事的发生地挪到了鲁国的郈邑（今山东东平境内）。

季孙相鲁，子路为郈令。鲁以五月起众为长沟，当此之为，子路以其私秩粟为浆饭，要作沟者于五父之衢而飡之。孔子闻之，使子贡往覆其饭，击毁其器，曰：“鲁君有民，子奚为乃餐之?”子路怫然怒，攘肱而

入，请曰："夫子疾由之为仁义乎？所学于夫子者，仁义也；仁义者，与天下共其所有而同其利其也。今以由之伯粟而餐民，其不可何也？"孔子曰："由之野也！吾以女知之，女徒未及也。女故如是之不知礼也！女之餐之，为受之也。夫礼，天子爱天下，诸候爱境内，大夫爱官职，士家其家，过其所受曰侵。今鲁君有民而子擅爱之，是子侵也，不亦诬乎！"言未卒，而季孙使者至，让曰："肥也起民而使之，先生使弟子止徒役而餐之，将夺肥之民耶？"孔子驾而去鲁。（《韩非子·外储说右上》，衢：qú，大路。女，通"汝"）

季孙肥（季康子）做鲁相，子路在郈邑为长官。鲁国在五月份发动民众开挖长沟，工作期间，子路用自己的俸粮做成稀饭，请挖沟民众吃。孔子听说后，叫子贡去倒了汤饭，砸烂碗盆："这些民众属于鲁君，你干吗要给他们饭吃？"子路大怒，握拳露臂跑来质问孔子："先生憎恨我施行仁义吗？从先生那里学到的是仁义。仁义就是与天下人共同享有所有和利益。现在用我自己的俸粮去供养民众，为什么不行？"孔子说："子路子路，你好粗野啊！我以为你懂了，你还是不懂！不错，你给民众饭吃，是爱他们。可是按照礼法，天子爱天下四海，诸侯爱国境以内，大夫爱官职所辖，士人爱自己家人，越过应爱的范围就叫侵权。他们是鲁君统治下的民众，你却擅自去爱，你这是在侵权，明白吗！"话没说完，季孙肥的使者就到了，责备说："我发动民众让他们服劳役，先生却派弟子去招呼他们吃饭，是要笼络人心，夺我民众吗？"于是孔子驾车逃离了鲁国。

我们之所以选用《韩非子》的说法，是因为韩非对故事说的更细致，并且讲明了事情的后果。

那么，子路的问题究竟出在哪里呢？

孔子的解释是："侵。"用今天的话说，就是"越位"。

## 二、到位，不越位

"越位"，是足球运动里非常重要的规则。顾名思义，"越位"就是不准越过位置。不该越位的时候你一定不要越位，越位是大"忌"。

史幼波先生讲到这个问题时，曾反复强调要"知位守位"：

知位则吉，不知位则凶；得位则吉，失位则凶。所以，一定要牢牢地把握自己，牢牢地认识自己的位置。《易经》博大精深，渊奥无比，如果非要用一个字来概括《易经》的话，在我看来，那就是一个“位”字。当然，这个“位”是一个全方位的概念，时间与空间的交错点，就是我们现在所处的“位”。在同一个时间点上，我们只可能有惟一的位。我们只有明白了自己所处的这个惟一的位，才能够知道应该做什么，不应该做什么。这个就叫做知位守位。（史幼波《〈中庸〉讲记》第 117 节）

“位”，就是位置。

“位置”，本指人或物体所在或所占的地方，此指人实际所处的地位。

“位置”，影响着人们的工作与生活，也影响着历史的发展进程。

位置不同，享受的权益也不同。

任何一个组织，不论党政机关、群团部门、事业单位还是公司企业，上至老板下到员工，不管是局长、处长、科长还是普通干部，不论是分管副总、部门经理还是业务人员，每一个工作岗位都会有明确的“工作职责”或“岗位职责”。这个明确的“工作职责”或“岗位职责”之所以明确，就是要告诉你，在这个组织之内，你的位置是什么，你的职责范围是什么，你的工作权限有多大。

美国军中规定，军人一律不得蓄长发。而黑格将军担任北约盟军总司令时，却蓄着一头长发。有一名被禁止蓄长发的美国士兵，看到画报上登载着长发的黑格将军像，便把它撕下来，贴在不许他留长发的中尉办公室的门上。为了表示抗议，他还画了一个箭头，指着总司令的长发，并在旁边写了一行小字：请看他的头发！中尉看了这份别出心裁的“抗议书”后，并没有把这个愤愤不平的士兵喊来训斥一通，而是将那箭头延长到总司令的肩章处，并也加了一行小字：请看他的军衔！

“位置”摆的不对，就是越位。

越位的后果很严重。

之所以说严重，第一是因为你超越了自己的职权范围，第二是因为你侵犯了别人的领地，第三是你还因此伤害了别人的尊严。

所以，越位是大“忌”。

“越位”的主要表现有三：

其一，上行“越位”。该领导讲的话、做的事，替领导说了、做了，或者把自己的想法和意图强加于领导，干扰了领导的思路或决策，影响领导的威信和声望。

其二，平行“越位”。干涉属于平级其他领导职权范围内的事，甚至“种了别人的田，荒了自己的地”，造成平级之间的关系紧张。

其三，下行“越位”。事必躬亲，该下级做的事，自己越俎代庖。对下级不放心、不放手，造成下级没事干，不敢干。

在这三种“越位”中，对干部个人成长进步、对组织事业发展壮大危害最大的，就是上行“越位”。

上行“越位”也叫“越权”。

在古代，越权称为僭越。

僭越，僭 jiàn，就是超越本分，古时指地位在下的冒用在上的名义或器物等等，尤指用皇家专用的。现在多指冒用、盗用、用了自己的级别所不应该用的礼仪等。

超越本分，就是跨越、超越、走过了界限或边界。走过了界限或边界就是越权。

越权最突出的表现，就是一些人出于个人私利、私欲或喜好、习惯，主动超越职权，该请示的时候不请示，不该决定的事情擅自决定，自作聪明，自以为是，自作主张。

越权很可怕。

不幸的是，“子路济民”，正是越权，也就是典型的上行“越位”。

更为严重的是，子路不仅“越了位”，还掩盖了领导的风采，把荣誉归了自己。

## 三、一切荣誉归老板

一个下属，在领导面前要时刻牢记一点：不要遮掩领导的风采和光芒。

和领导相处，有的事情可以争，有是事情则绝对不能争。

可以争的是工作。作为下属，积极完成任务，主动承担责任，在工作上和上级有所争执，这都很正常，是尽职尽责的表现。

绝对不能争的是功劳。一个下属，风头盖过领导，掩盖领导的风采，不给领导留空间，是为大忌。

“子路济民”的故事，按照《说苑》的说法，孔子批评子路说：

“尔以民为，何不告于君，发仓廪以给食之；而以尔私馈之，是汝不明君之惠，见汝之德义也，速已则可矣，否则尔之受罪不久矣。”（《说苑·臣术》）

孔子说：“你要真是可怜老百姓，为什么不禀告国君，用官府的粮食赈济他们呢？现在你把自己的粮食分给大家，不等于告诉大家国君对百姓没有恩惠，却彰显你爱惜民众的美德吗？你要是赶紧停止还来得及，要不然，一定会被国君治罪的！”

子路啊，你把树立恩惠的事情揽在了自己身上，会让季康子（季孙肥）非常不高兴，因为季康子会觉得你在威胁他的领导地位，你这是典型的下属掩盖领导的风采啊。子路啊，你的善心好意，可是不仅害了自己，也连累了老师啊。我们逃跑吧！

还有一例，故事的主角是田单。

周赧王三十一年（公元前 284 年），燕将乐毅破齐，连克 70 余城，齐国危在旦夕。此时，田单为军民共推为将，他行反间计于先，布“火牛阵”于后，大破燕军，尽复失地，拥立齐襄王，于齐国有存亡续绝的大功劳，全国上下无不钦敬，田单本人也被拜为相国，封安平城。但一件“解裘”的小事，却差一点儿让田单陷入不测。

（田单）过菑水，有老人涉菑而寒，出不能行，坐于沙中。田单见其寒，欲使后车分之衣，无可分者，单解裘而衣之。襄王恶之，曰：“田单之施，将欲以取我国乎？不早图，恐后之。”（《战国策·齐策六》）

田单有一次过淄水，看见有位老人涉水而过，因寒冷，出水后无法行走，坐在沙地上。因为后面车上的随从们没有多余的衣服分给老人，田单

就解下自己的皮袍给他穿上。齐襄王非常反感，喃喃自语："田单到处施恩，收揽人心，想干吗？想要篡夺王位吗？不早点下手收拾，恐怕以后有变，后患无穷哪！"

倘若不是"贯珠者"一番说辞，打动了齐襄王，田单立时就要大祸临头。

韩信，是"名将中的名将"。北宋神宗年间军事著作《何博士备论》中，将韩信与先秦大军事家、"武圣"孙武相提并论，称为"言兵无若孙武，用兵无若韩信"，足见他在军事史上地位之崇高。然而，韩信之死，却每每让读史之人感叹不已。

应该说，"韩信将兵"这个成语，能让我们悟出许多。

韩信在与刘邦谈带兵打仗时，一不小心说走了嘴，说刘邦带兵不超过十万，而他自己带兵多多益善。这些话未尝不是实话，但说者无意，听者有心。尽管韩信脑子转得快，赶紧加了句"陛下不善带兵，而善带将"，暖了一下刘邦的心，并吹嘘刘邦才能"天授"，但刘邦会看不透他的这点小把戏？会真的不往心里去？刘邦以后削韩信兵权并借吕后之手将他干掉，能不与之有关？

究其原因，正如许倬云先生所说：

"他们两个人的能力和自我期许距离太大，韩信绝对不服刘邦管。……当年的关东（函谷关以东）刘邦管不了，韩信号召天下。韩信本可以韬光养晦，或者远避嫌疑。但他却常常口出怨言，刘邦是不放心啊。"（许倬云《从历史看管理》第一讲"问答录"）

刘邦曾经对李斯大加赞赏，为什么呢？原来，李斯在担任秦始皇的丞相时，坚决遵循"有善归主，有恶自与"的原则，有好的事情都归功于君主，有坏的事情统统揽在自己身上。你韩信如此高傲，如何驾驭？

一切荣誉归老板，这是什么时候都不能忘记的事情。

显然，无论是子路，还是田单、韩信，都犯了一个通病，他们主观上都以为是善心好意，但在领导眼里，他们都是在为自己谋取威望名声，可曾有一点儿为领导着想？

## 四、肯替领导着想是第一等智慧

其实，当领导还真是一件不容易的事。

为什么？

领导身处权力的核心，自然也处在矛盾的焦点上。所以领导都有自己的苦衷，也经常遇到棘手问题。无论是开展工作的实际需要，还是缓解精神紧张度的心理需要，当领导的都希望下属能在关键时刻助一臂之力。

这叫做为领导分忧愁。

所以，下属要真诚地理解领导的苦衷，把领导不便做的事情承担下来，主动处理一些领导不便亲自参与的事情，使领导成为团体的精神支柱和信心源泉。

这叫做帮领导树威信。

领导的过程，必然是一个得罪人的过程。下属应善于替领导着想，替领导承担部分责任，让领导腾出精力专心思考大问题。涉及诸如职级调整、纪律处分、进退去留等事关员工切身利益的大事，下属应多做疏导工作，起到必要的掩护作用，不能动不动就把领导推到第一线，以使工作留有回旋余地。

这叫做替领导担责任。

领导也是凡人，不可能事事正确。而下属作为最终执行者和具体操作者，有大量的工作实践，丰富的工作经验，往往能够提出领导想不到的办法。所以下属要多替领导思考问题，多替领导想出办法。这些办法未必能全部直接用于决策，但最起码给领导提供了一个可供参考的、有价值的方案，对领导开阔视野会起到积极作用。

这叫做给领导当参谋。

无论是为领导分忧愁，还是帮领导树威信，无论是替领导担责任，还是给领导当参谋，都是对领导“忠诚”的表现。

忠诚代表着诚信、守信和服从，也代表着责任、热忱与敬业。忠诚，是信念，是态度，更是行动。

对领导的忠诚，归根结底是对岗位、对职责、对事业的忠诚。

“每腊，诏书赐博士羊人一头。羊有大小肥瘦，时博士祭酒议欲杀羊称分其肉。宇曰：‘不可。’又欲投钩，宇复耻之。宇因先自取其最瘦者，由是不复有争讼。”（《东观汉记》卷十八）

东汉光武帝建武年间，每年岁终祭神之后，皇帝都要赐给博士每人一头羊。可是有一年分羊的时候，却出了点小事故：羊有大有小、有肥有瘦，让负责分羊的博士总管（祭酒）很为难。博士们七嘴八舌，有的建议杀羊均分其肉，有的建议抓阄分羊，博士甄宇见众人争执不下，便当众牵走了最瘦的一只羊，诸博士纷纷效仿，分羊的任务得以体面完成。

甄宇帮老板解了围，自己也得到了一个“瘦羊博士”的雅号。

“肯替别人着想是第一等学问”（《呻吟语》），肯替领导着想是第一等智慧。

嘉靖四十四年（公元1565年），老头子（嘉靖）病重，太医徐伟奉旨前往诊治。当时嘉靖坐在小床上，龙袍垂地，徐伟迟疑不敢前进。嘉靖问他为什么不走过来。徐伟说，皇上的龙袍在地上，臣不敢进。诊视完毕，嘉靖就下了一道手诏给内阁，表扬徐伟。嘉靖说，徐伟的话，最能体现他对君父的忠爱之情。因为他说的是“皇上的龙袍在地上”，而不是“皇上的龙袍在地下”。这又有什么区别呢？嘉靖说，区别很大——地上，人也；地下，鬼也。徐伟听到传达，当时就吓出一身冷汗。地上地下，这在一般人那里是没有什么区别的。我们平时说话，也是地上地下不分，哪有那么多讲究？按照嘉靖的逻辑，臣下一言不慎，岂不是就要招来灭顶之灾？（易中天《帝国的惆怅·荒唐的正义》）

## 五、领导的眼睛是雪亮的

肯替领导着想，包涵着一个大关节：有功不居。

《道德经》有言：“万物作焉而不辞，生而不有，为而不恃，功成而弗居。夫唯弗居，是以不去。”意思是，追求有为而不恃自我之智，功成而不居功自傲。正因为不居功，功勋才永不磨灭。

有了功劳要善于隐藏，不张扬不卖弄。功劳被别人传播出来是金子，

自己卖弄出来就成了黄土。领导的眼睛是雪亮的，完全不必向领导表功。

《论语·公冶长》有一个颜回（颜渊）的故事：

颜渊、季路侍。子曰："盍各言其志？"子路曰："愿车马衣裘，与朋友共，敝之而无憾。"颜渊曰："愿无伐善，无施劳。"（《论语·公冶长》）

有一次，孔子让颜回和子路谈志向。子路说："我希望车马衣裘与朋友共用，即使用坏了也不觉得可惜。"颜渊说："我希望不夸耀自己的长处，不表白自己的功劳。"

颜回的回答显然比子路上了一个层次。子路希望车马衣裘与朋友共用，看重的是"有福同享"，颇有些江湖义气；而颜回说希望不夸耀自长处，不表白功劳，注重的是内心的修养。所以，颜回被称为"复圣"，而子路却战死在卫国。

东汉名将冯异功勋昭著，但他为人谦退，"行与诸将相逢，辄引车避道"，颇有些蔺相如见廉颇的风范。而且从不以功臣自居，每战胜利后，当"诸将并坐论功"时，冯异则悄然离开，"常独屏树下"，军中号曰"大树将军"，洵为一代良将，终生荣宠不衰（《后汉书·冯岑贾列传》）。

徐达"以智勇之资，负柱石之任"，为大明王朝的开创立下了盖世之功。但徐达谦虚处世，从不居功自傲。每次"功成而还，拜上印绶，待命于家，略无几微矜伐之色"（《明太祖实录》卷171）。

曾国藩扑灭太平天国，功劳大矣，但却从不居功。同治元年九月廿四日，他在给弟弟曾国荃的信中还特别交待："吾兄弟既普拚命报国，无论如何劳苦，如何有功，约定始终不提一字，不夸一句，知不知一听之人，顺不顺一听之天而已。"（《曾国藩文集·书信》）

"矜功自伐"的反面例子也多的是。

《册府元龟》卷451"将帅部"专列"争功矜伐"一项，有兴趣的朋友可以读读。

就说邓艾。

很多人为邓艾抱屈，说他是司马昭灭蜀的第一功臣，却无端被杀，颇有些愤恨不平的意思。其实邓艾之死，死就死在他的居功自傲。

邓艾灭蜀后，当着司马昭监军的面说"专之可也"，霸气十足，一副

唯我独尊的样子。有一次对蜀国的士大夫说："诸君赖遭某，故得有今日耳。若遇吴汉之徒，已殄灭矣。"你们国灭之后，得以保全，还不是全靠我！如果遇到的是吴汉之流，早已经是国灭身死了。又吹嘘："姜维一时豪杰，碰到了我，不也是束手无策么！"有识者笑之。

后世张居正为首辅，常言："我非相，乃摄也。"门有对联："日月并明，万国仰大明天子；丘山为岳，四方颂太岳相公。"如此张扬，岂能保全！

舜曾告诫禹："汝惟不矜，天下莫与汝争能；汝惟不伐，天下莫与汝争功。"（《书·大禹谟》）如果你不自尊自大，天下就没有人与你争高下；如果你不自夸，天下就没有人与你争功劳。禹以此为行事准则，天下大治。

老子由此悟出，"夫唯不争，故天下莫能与之争"。

泰戈尔说："你从不寻求名声和崇拜，可是爱之神却发现了你。"

## 六、小鬼不跟阎王爷称兄道弟

工作岗位的设计原则确定了下属与领导的关系的核心体现在"有用"上，而不是体现在"友情"上。因此即使是领导主动把下属视为朋友，作为下属也不要真的以为自己就是领导的朋友了。因为你首先是下属。

小鬼什么时候都不跟阎王爷称兄道弟。

《国语·越语下》有云："为人臣者，君忧臣劳，君辱臣死。"时光久远，被演绎成为了现在的"主忧臣辱，主辱臣死"。这句话意思很好理解，"君主忧虑，臣子以此为辱；君主受辱，臣子死以报之"，也就是"主忧臣辱之，主辱臣死之"。这句话虽然充满了封建糟粕，然而其思想内核，却蕴含着对社会高度的责任感，也是对上下级之间关系核心的准确定位。

作为下属，必须时刻牢记一条：上级领导永远是决策者和命令的下达者。无论你有多大的把握，多相信自己的判断力，无论你代替上司决定的事情有多细微，都不能忽略上级领导同意这一关键步骤。否则，领导心理上的排斥感和厌恶感，以及对于下属不懂规矩的气恼，足以毁掉你平时凭借积极努力所换来的领导对你的认同。当然，也就没有了信任。

但是很多干部特别是在基层工作的同志，在工作实践中有一个认识盲

点，那就是觉得，对于领导交办的工作，我只要完成的漂亮，给你一个好结果就行了。而实际上上级处在他那个位置上，第一需要了解事情的进度，第二需要施加自己的影响，第三需要得到你的忠诚。这三点决定了下属不但要把事情做好，还要把沟通做好。

下属在工作过程中缺少向领导的沟通和汇报，必然形成沟通缺失，领导也必然因此产生置身事外、无法参与和不被认可的感觉。

工作做好了，取得成功了，也要注意，把功劳归于上级的正确领导和大力支持。这实际上也是维护领导的影响力和威望。

相反，若是居功自傲，突出个人，忽视领导的存在，必然导致归属缺失。

年羹尧之死就是典型的教训。

年羹尧是有清一代不世出的军事家，西宁大捷之后，宠遇无两。但他终被雍正帝削官夺爵，列大罪九十二条，于雍正四年（1726 年）赐自尽，时年 48 岁。

很多人以为，雍正杀年羹尧是杀人灭口云云，其实，年羹尧是死于他的无礼：自恃功高，擅作威福，骄横跋扈。他赠送给属下官员物件，“令北向叩头谢恩”；发给总督、将军的文书，本属平行公文，却擅称“令谕”；雍正的恩诏两次到西宁，竟“不行宣读晓谕”；在雍正面前也行止失仪，“御前箕坐，无人臣礼”。

雍正觉得，你年羹尧已经对皇帝、对朝廷并没有归属感了。一个手握兵权、却离心离德的大将，皇帝怎能放得下心？所以，尽管他立了那么多功，成了那么多事，到头来雍正还是不得不将他赐死。

老子说：“不自见，故明；不自是，故彰；不自伐，故有功；不自矜，故长。”意思是说：不自我表现，反能显明；不自以为是，反能昭彰；不自我夸耀，反能见功；不矜持傲物，反能长久。

## 七、求田问舍亦英雄

辛弃疾词《水龙吟·登建康赏心亭》，是他早期词中最负盛名的一篇。其中有一句“求田问舍，怕应羞见，刘郎才气”，典出《三国志·魏书·陈登传》：

许汜与刘备并在荆州牧刘表坐，表与备共论天下人，汜曰：“陈元龙湖海之士，豪气不除。”……备问汜：“君言豪，宁有事邪？”汜曰：“昔遭乱过下邳，见元龙。元龙无客主之意，久不相与语，自上大床卧，使客卧下床。”备曰：“君有国士之名，今天下大乱，帝主失色，望君忧国忘家，有救世之意，而求田问舍，言无可采，是元龙所讳也。何缘当与君语？如小人，欲卧百尺楼上，卧君于地，何但上下床之间邪？”

刘备、许汜与刘表在一起共论天下之士。谈到陈登时，许汜不以为然地说：“陈元龙乃湖海之士，骄狂之气至今犹在。”刘备问其故，许汜说：“当年天下大乱，我路过下邳，拜见陈元龙。他毫无客主之礼，不但不置一言，而且自顾大床高卧，却让我睡在下床。”刘备批评他说：“您素有国士之风。现在天下大乱，君上颠沛，元龙希望您忧国忘家，有匡扶汉室之志。可你却向他求田问舍、言无可采，这正是陈登最忌讳的，所以他与你也就没有什么话好说。如果是换上了我，就要让你睡地下，我睡百尺高楼上了，而不仅仅是区区上下床的区别了。

刘备天下为怀，斥责许汜，辞气激扬，辛弃疾称之为“刘郎才气”，亦以自比。在他看来，大丈夫当怀澄清天下之志，求田问舍、谋取私利之辈，怎得入其法眼？

然而换一个角度看，天下为怀固然英雄，而求田问舍也不无是处。

冯梦龙《智囊全集》有一个“王翦请田”的故事：

秦伐楚，使王翦将兵六十万人，始皇自送至灞上。王翦行，请美田宅园地甚众，始皇曰：“将军行矣，何忧贫乎？”王翦曰：“为大王将，有功终不得封侯；故及大王之向臣，臣亦及时以请园地，为子孙业耳。”始皇大笑。王翦既至关，使使还请善田者五辈，或曰：“将军之乞贷亦已甚矣！”王翦曰：“不然，夫秦王恒中粗而不信人，今空秦国甲士而专委于我，我不多请田宅为子孙业以自坚，顾令秦王坐而疑我耶？”（《智囊全集·术智部·谬数卷》“王翦　萧何”条）

秦始皇派王翦率六十万大军伐楚，始皇亲自到灞上送行。临行前，王

翦请求始皇赏赐很多田宅。秦始皇说："将军即将率大军出征，还担忧生活贫穷吗?" 王翦说："臣身为将军，立下汗马功劳，却始终无法封侯，所以趁大王委臣重任时，请大王赏赐一些田宅，为子孙日后的生活做个打算。"秦始皇大笑。王翦率军抵达前线后，又曾五次遣使向始皇要求封赏。有人劝王翦："将军要求封赏的举动，似乎有些过分了。"王翦说："你错了。大王疑心病重，用人不专，现在将倾国之兵委交给我，我如果不以为子孙求日后生活保障为借口，多向大王请赐田宅，难道要等着大王对我生疑吗?"

在这个故事里，王翦率领大军讨伐楚国，不担心破敌，反而担心起自己的"美田宅院"，一而再、再而三地求赏赐，才取得了秦王的绝对信任，最后始得善终。"王翦请田"的典故由此而来，这个典故也就成了明哲保身的代名词。

连司马迁都说，王翦比白起聪明多了。

看来，不仅胸怀天下是英雄，"求田问舍"也是英雄啊。

历史上不知道有多少名将糊里糊涂地载在了君主的疑心上，都不知道自己是怎么死的。改革大家商鞅是也，谋士典范文种是也，一代名将韩信亦是也。韩信在最能够背叛刘邦的时候坚贞不渝，却在最不可能反叛的时候涉嫌谋反，为萧何所骗、吕后所杀，留下了"成也萧何，败也萧何"的千古遗憾。至于风波亭里满江红，则是更令读史之人抱憾不已。

# 第十五章　胜任力

一个人要获得成功，除了责任心和信任度，还要有胜任力。

“胜任力”这个概念最早由哈佛大学教授戴维·麦克利兰（David McClelland）于1973年正式提出，是指能将某一工作中有卓越成就者与普通者区分开来的个人的深层次特征。

## 一、人要有本事

胜任：足以承受或担任。

“胜任”这个词的出现，是很有些年头的。而且从诞生直到现在，意思竟然没有多大的变化。

《易·系辞下》：“鼎折足，覆公餗，其形渥，凶。”鼎是古代贵族王侯烹煮用的锅，一般三足两耳。在吃饭的时候，鼎的一足断折了，于是鼎内的食物倾覆，沾湿了王公的身体，有凶险。

孔子解释说：“言不胜其任也。”这是说力薄任重，没有能力担当那项重任啊。力薄任重，必致灾祸，所以有凶险。

这就是成语“不胜其任”的来历。

**1. 胜任力是“做成事”的本事**

胜任不只是“做事”，更是要“做成事”。

所以，胜任力就是“做成事”的本事。

干部的成长，最关键的就是个人要有本事。

什么叫本事？

本事其实就是本来应该做的事。后来引申指胜任工作的本领技能。

胜任力就是能力。

能力与知识、经验、和个性特质共同构成人的素质，成为胜任某项任务的条件。

卡耐基说："靠自己的能力拯救自己，是成功的唯一准则。""能力已成为一种不折不扣的资源，能力即资本，能力即财富，能力即命运。"

胜任力就是本领。

本领既包括世界的眼光，也包括丰富的知识；既包括敏捷的思维，更包括一定的专业技能。在当前形势下，在知识更新呈几何级数变化的情况下，本领更要过硬。

掌握过硬"本领"不是轻而易举就能实现的。正因此，有良知、有责任感的人们，才会有不同程度的"本领恐慌感"。

无论本事、能力还是本领，都不光是你在大学里学到的知识，也不仅仅是你在工作岗位上展示出来的技能。

有胜任力，是一个员工、一个干部甚至一个人的知识、能力和业绩的综合体现。

**2. 普通员工的"四个学会"**

胜任力，对于普通员工来说，就是一个人能够顺利完成所任工作的主观条件。在激烈竞争的大海中，别人已经发展到高难度的高台跳水，艺术性的花样游泳，我们最起码也要学会狗刨式吧？这是活命的最低一招，不然我们就会在知识经济的汪洋大海中失去生存的可能。

比如"四个学会"：

一是学会站在整体高度观察问题。高度决定视野。现代社会分工过于细致，迫切需要能从整体层面观察问题的人。坚持从整体的高度、整体的眼光看问题的人，对于快速走上领导岗位肯定会大有裨益。

二是学会运用领导思维思考问题。角度改变观念。对待同一件事情，正确的思维方式不一定都是一致的。在企业、单位里面做事情，我们要注意揣摩观察、学习上司思考问题的角度。只有立足于上司思考问题的习惯角度，才能减少与上司的摩擦。才能获得领导的满意和认可，才能获得领导的信任。这也是为自己营造一个成长进步的好的环境。

三是学会建立利润成本观念处理问题。尺度把握人生。企业组织以赢利为目的，政府组织要讲究运行成本，它们所有的行为最终无一不是围绕这个问题展开的。钱这个东西，不仅要取之有道，也要用之有度。所以我们要坚持从利润成本的尺度上去处理问题。建立利润、成本观念，就要关注细节，从细节入手，从细节做起。因为细节决定成败。现在讲究节约，

反对浪费，你在工作岗位上，更要注意。

四是学会团结团队成员解决问题。弹钢琴不仅要十个指头全会动，而且还必须协调配合，才能奏出优美的旋律，否则就是乱弹琴。如何去调动更多的人一起去努力，是现代组织特别是现代企业的成功要诀。所以我们不仅要能够独挡一面，而且还应该有过硬的协调配合能力。要学会看到其他人对工作的贡献与重要性，学会调动别人的工作积极性与创造性。只有学会了团结大家一起工作，才能领导大家一起工作。

**3. 基层干部的“三有三点”**

胜任力，对于基层干部来说，就是通过不断地学习，不断总结提高，不断增长的实际工作能力。比如“三有三点”：

“三有”：

一是有主意。工作中，能拿出主意，会出主意，出好主意。特别是针对工作中的新问题，能够提出新思路；遇到新情况，能够拿出新办法。

二是有文笔。也就是要有满足工作需要的文字读写能力。

三是有口才。反映问题传达指示不走样，组织沟通顺畅，坐着能写，站着能说，下去能唱。

“三点”：

一是当上级要求与自身实际不一致的时候，能找到结合点；

二是领导之间意见不一致的时候能找到相同点；

三部门之间意见不一致时能找到沟通点。

胜任力，对于领导者来说，就是能够比较准确地判断形势，善于驾驭比较复杂的局面，具有一定的超前意识，在具体的工作中显示有胆有识，能出色完成任务，负起一方重任。

这就是开展领导行动的能力。

## 二、“为政八术”

对于一个领导者、管理者来说，开展领导行动的能力，也叫做处理政事的能力。

若论其关键，一是管人，二是理事。

按照曾国藩的说法，“为政之道，得人治事，二者并重。得人不外四

事，曰广收、慎用、勤教、严绳；治事不外四端，曰经分、纶合、详思、约守。操斯八术以往，其无所失矣。”（《曾文正公全集·日记·同治元年四月十三日》）

这叫做“为政八术”。

**1.“广收、慎用、勤教、严绳”**

对于发现、造就人才的方法，曾国藩概括为八个字：“得人不外四事，曰广收、慎用、勤教、严绳。”

“广收”，就是广泛访求、网罗人才，通过各种途径挖掘各方面人才。也就是他常说的“凡有一长一技者，断不敢轻视”，“衡人者，但求一长而取，不可因微瑕而弃有用之材”，“衡才不拘一格”，“求才不遗余力”，反对以出身、资历衡量人。只问人才，不问背景、出身，不存地域、系派、偏见。曾国藩的两江总督府便被誉为大清的人才宝库。

“慎用”，就是分辨良莠、知人善任。广收并非优劣不分的广泛纳入，而是要分辨人才的真伪，求贤若渴，嫉恶如仇。用人要谨慎，“不轻进人”、“不妄亲人”。曾国藩虽然广揽人才，但在人才的使用上却非常谨慎。他善于从细节上判断一个人的品性德行，从而对人才形成全面的判断。

“勤教”，就是勤于教育，善于磨砺。人才，特别是经办军国大事的人才都是千磨百砺锤炼出来的。曾国藩认为，人才并非天生的，必须靠辛勤的培养，才可以用，要想得到得心应手的人才，就要学会亲自动手，培养训练。曾国藩很善于通过书信、面谈及饭前闲谈对部属进行培训、教育。曾国藩家书洋洋洒洒几百万字，无所不谈。李鸿章在晚年也经常与人忆及恩师的饭前教育，可见他是受益匪浅的。

“严绳”，就是严加督责、清慎诫戒。区别不同对象，不同对待，或者以勉励为主，或者多加防范，使下属都能“循循于规矩之中”。用今天的话说，就是通过建立健全规章制度来管理和督促部属。制度不健全，好人能干坏事；制度完善了，坏人也做好事。

这个“广收、慎用、勤教、严绳”，实际上就是曾国藩的人力资源管理理念。

赵菊春先生对于“曾氏用人之道的现代运用”，有若干忠告：

……

第二，善于挖掘人才，注重非正规渠道人才。大部分企业在招聘及提拔人才时很注重学历与专业，这无可厚非。但我们环顾四望，无论营销、市场还是研发、生产等领域的专才，真正学本专业的可能不到一半，非正规渠道的专才不在少数。

所以，注重非正规渠道人才是当前企业在用人时应关注的一个问题。将某一专业的技术、手段移植到另外一个专业时往往能产生出其不意的效果，这正是非正规渠道人才的优势所在。

第三，注重人才的多极发展通道。单极发展通道容易造成提拔无望者消极抱怨甚至频繁跳槽，对企业破坏很大。变单极通道为多极通道，让提拔无望者可以在专业领域获取同等待遇或职业成就感，这对企业和个人来说是双赢的，而且还为企业做好了人才储备。

……

第五，企业高管不能包办业务层面的操作。这样长此以往，既压制了不同意见，又抑制了部属的成长。另外高管陷于具体业务层面后精力分散了，本应该重点思考的战略层面反而缺失了。

第六，重视在岗培训，用人也是培训人。在现代企业，完全的脱产学习或培训是不多的，更多的是在岗培训。另外，领导者对部属边用边培训是让部属成长的一个有效手段。(《曾国藩用人之道》，据赵菊春新浪博客，有删改)

**2. “经分、纶合、详思、约守”**

“治事不外四端，曰经分、纶合、详思、约守。”这是曾国藩总结的一套处理政事的方法。

对此，诸多专家各有解读。若以简洁实用而论，则莫若赵玉平先生的解读：

“经分”：指的是把一天分成若干段。一个干部每天不可能只做一件事情，一定是每天几个事情同时进行，这就需要把一天分成若干段。

“纶合”：指的是一个干部很多要事大事不可能一天之内做完，需要每天前进一点，把若干天的片段联合起来才算完成，

“详思”：是把事情的方方面面考虑周全，尽量做到简单清晰，普通事

务简化成 1、2、3 三个步骤，一般决策确定上中下三套方案。

“约守”：是说一个干部做事情，只要抓住最重要的几个环节就可以了，其他的都可以授权下属去做。自己只做最重要的、下属做不了的事情，比如任免调整干部、协调部门关系、争取外部资源、掌控前进方向等。(《梁山政治第十一回》)

笔者以为，约是简约，而非束约。“经分”是日程分段，“纶合”是次第联合；“详思”是谋划周全，“约守”是掌握关键。

“经分”与“纶合”，是分析与综合的能力。“详思”是详细的思考，要有全局观。“约守”是要把得住原则、守得住底线。

“经分纶合，详思约守”，是一个管理者的基本功，这方面做扎实了，效率就会大大提高。

**3. 李嘉诚的四句话**

李嘉诚先生一直被认为是华人商界的一个传奇。李嘉诚所代表的不仅是华人首富的精进地位、积极进取的商业精神、获得成功与保持成功的平衡哲学，更是他在金融危机之前，五十余年从没亏损的比华人首富地位更有魅力的传奇。

2007 年 7 月 9 日，李嘉诚在汕头大学毕业典礼的演讲《活出你的故事》里面说：“中华民族传统智慧有很多高贵的境界，如若你能拈出‘好谋而成、分段治事、不疾而速、无为而治’的精髓，生命是可以如此的好。”

“好谋而成”，语出《论语·述而》：“必也临事而惧，好谋而成者也。”大意是遇事应谨慎对待，做事要分析、考虑，谋划充分才能成功。

“分段治事”，在这里强调的是要尊重事情的基本规律，第一步、第二步、第三步要做什么，要有系统设计、系统规划。

“不疾而速”，语出唐代著名道士诗人吴筠的《仙游二十四首》，原文是“不疾而自速，万天俄已周”。此处意思是做事不能一味求快，而是要在周密谋划的基础上果断出击，一旦行动就要雷厉风行，绝不拖泥带水。

“无为而治”语出《论语·卫灵公》：“无为而治者，其舜也与？”原指古代道家的政治主张，无所作为就能把天下治理好。现指不要干涉过多，让人们都能发挥自己的聪明才智。李嘉诚先生的意思是让制度管理员工，

管理者不要人为地干涉过多。

2008年11月21日，李嘉诚在接受《全球商业》和《商业周刊》采访时解释这四句话说：

以上四句话是环环相扣、互为因果的。“好谋而成”是凡事深思熟虑，谋定而后动。“分段治事”是洞悉事物的条理，按部就班的进行。“不疾而速”，你靠着老早有这个很多资料，很多困难你老早已经知道，就是你没做这个事之前，你老早想到假如碰到这个问题的时候。你怎么办？由于已有充足的准备，故能胸有成竹，当机会来临时自能迅速把握，一击即中。如果你没有主意，怎么样“不疾而速”？“无为而治”则要有好的制度、好的管治系统来管理。我们现在大概有25万个员工，分布在55个国家，而我们员工大部分在西方国家，如果你没有良好制度，你没有足够时间去管理。兼具以上四种因素，成功的蓝图自然展现。(《不疾而速——对话李嘉诚》，2007年12月27日《全球商业经典》)

## 三、“四类三端”的现代实践

应该说，“为政八术”提出了开展领导行动的若干原则。若从操作层面来说，曾老夫子还有更详实的说法。

**1. 李鸿章的“岗前教育”**

曾国藩攻占安庆之后，派得意门生李鸿章去苏南开辟第二战场，并举荐李担任江苏巡抚，主政一方。李鸿章临行之时，求教督抚之道，曾国藩对这个爱徒做了一个极为精彩的“岗前教育”：

求人约有四类，求之之道，约有三端。治事约有四类，治之之道，约有三端。求人之四类，曰官也，绅也，绿营之民，招募之勇也。其求之之道三端，曰访察，曰教化，曰督责。采访如鸷鸟猛兽之求食，如商贾之求财；访之既得又辨其贤否，察其真伪。教者，诲人以善而导之以其所不能也；化者，率之以躬，而使其相从于不自知也。督责者，商鞅立木之法，孙子斩美人之意，所谓千金在前，猛虎在后也。治事之四类，曰兵事也，饷事也，吏事也，交际之事也。其治之之道三端，曰剖晰，曰简要，曰综

核。剖晰者，如治骨角者之切，如治玉石者之琢。每一事来，先须剖成两片，由两片而剖成四片，由四片而剖成八片，愈剖愈悬绝，愈剖愈细密，如纪昌之视虱如轮，如庖丁之批隙导窾，总不使有一处之颟顸，一丝之含混。简要者，事虽千端万绪，而其要处不过一、二语可了。如人身虽大，而脉络针穴不过数处，万卷虽多，而提要钩元不过数句。凡御众之道，教下之法，易则易知，简则易从，稍繁难则人不信不从矣。综核者，如为学之道，既日知所亡，又须月无忘其所能。每日所治之事，至一月两月，又当综核一次。军事、吏事，则月有课，岁有考；饷事，则平日有流水之数，数月有总汇之。总以后胜于前者为进境。此二者，日日究心早作夜思，其于为督抚之道，思过半矣。(《曾文正公全集·日记·咸丰十年六月二十九日》)

在这里，曾老夫子虽然论述的是“督抚之道”，但对于为政治事，对于日常管理，却具有普遍性意义。

按照曾老夫子的理论，这搞管理，有两大关键，一是“求人”，也就是管人，二是“治事”，也就是理事。“求人”就是人力资源管理，“治事”就是工作目标管理。换一个角度，也可以理解为，一要处理好人际关系，二要治理好日常事务。

当然，管人，要管好四类人，具体操作有三个思路。理事，也有四类事，思路也有三个。

**2. 求人之四类**

“求人之四类，曰官也，绅也，绿营之民，招募之勇也。”

这四类人，不同的人对此会有不同的理解，但大致来说，无外乎这样几种：

一种理解是，“官”是同级管理人员，“绅”是下级管理骨干，“绿营之兵”是其它部门的人，“招募之勇”是一线的生产人员；

另一种理解是，“官”是现有管理人员，“绅”是行业专家，“绿营之兵”是企业或组织现有的基层干部员工，“招募之勇”是新招聘员工或借调聘用之类；

还有一种理解为要处理好四类人际关系：“官”是上下级官员的关系，“绅”是企业（行政组织）与行业名人的关系，“绿营之兵”是企业（行

政组织）与相关部门的关系，“招募之勇”是要招募自己的亲信。

“人”的管理的方法有三种。

“访查”是访问调查，如恶鸟扑食贪得无厌、奸商求财不择手段；找到以后还要看是否名实相符，是真才还是水货，适当找机会拉出来溜溜。

“教化”是教育感化。教育是以善良、正面的思想教诲引导，感化是以身先士卒的行为表率。教育感化就是培训，要有一套体系，要能够以身作则、循循善诱。

“督责”是督察问责。制度要严格，一诺千金令行禁止，象商鞅立法，不可随意更改。赏罚要分明，成事奖赏败事责罚，如孙武执法，就是吴王的爱姬也斩无赦。而且是重赏重罚，即“千金在前，猛虎在后”。

**3. 治事之四类**

“治事之四类，曰兵事也，饷事也，吏事也，交际之事也。”

四类事很好理解。

“兵事”是日常工作。

“饷事”是财政事务，或者说是后勤事务，企业成本之类。

“吏事”是人事事务，或者叫做人力资源管理。

“交际之事”是协调事务，包括内部协调和外部协调。

“事”的管理的方法也有三种。

其一是分析详尽——“剖析”。分析问题，先一分为二，再二分为四，进而四分为八，慎密、严谨，如纪昌学射，如庖丁解牛，没有一点遗漏，不要一丝含混。解剖问题，要象刮骨疗毒一样小心，像工匠磨玉一样细心。管理过程的每一个细节都要用放大镜看，了然于胸。各项工作的流程都要用显微镜看，全面细化。所有的工作都要从不同角度、不同层面、不同维度细致思考，既要仰视，还要俯视，更要环视。

其二是部署从简——“简要”。即是抓重点，问题分细了，就要把问题分出主次，抓主要矛盾。问题可能千头万绪，但关键点总是那么一两个，其本质一、两句话就可以表达了。人的身体虽然复杂，其经脉穴位也就是几处。万卷书虽然多，其精髓思想也就是几句。教导和指示要通俗易懂，要是搞得复杂又繁琐，就会导致部下无法信服和执行，手下人就不愿意相信，也不愿意跟从了。

第三是考核认真——“综核”。就是要对处理事务的结果要进行全面

的考核和评估。就像做学问，每天学到的知识都会忘记，要想掌握住长时间学习的知识，就要通过周测验、月检查、期中期末考试来检查学习结果。管理工作也是这个道理，业务工作一两个月要进行一次检查，做到月有月报，年有年表。后勤工作每天都要有流水账，季度要有汇总账。考核要有一定之规，必须“定时、定量、定性”。总之，后面的努力要以超越前面的结果为目标。

曾国藩的这些话虽不多，但是至少涉及到了今天我们管理中所讲的人才选拔、培养、激励以及业务管理中的问题点的细分、工作优先顺序的考虑。

网络上有一篇《读曾国藩答李鸿章之为官之道》，极为精彩：

这些理论完全可以用到今天的现实生活中来，对于一个企业的中高层主管来说，在企业里如何运作完全可以一目了然。

企业最重要的是什么？

1. 发现和培养人才；

2. 企业正常运作，达成业绩目标，能够有所发展。

人才从哪里来？

1. 现有的领导干部（官）

2. 知名的人物（绅）

3. 公司基层员工（绿营之兵）

4. 招聘新员工（招募之勇）

怎样发现和培养人才？

1. 访查——通过各种外部途径获得需求的人才

2. 教化——在企业内部教导、提拔下属

3. 督责——严格遵守公司制度，对准备使用的人才要有很高的待遇以及期权等吸引其留下的手段，但是如果完不成公司的目标，则按照规定进行处罚。

企业的正常运作，以及个人的发展，离不开这些方面。

1. 企业业绩（兵事）

2. 运作费用（饷事）

3. 干部任免（吏事）

4. 部门协调（交际之事）

如何运作呢?

1. 剖析——对任何事件自己都要进行充分的分析

2. 简要——下达的命令一定要简单明了，让人能够马上理解，便于马上能够执行，而不是单独强调什么执行力度!

3. 综核——时时对企业的运作进行综合的评估；另外，对于业绩和干部任免，一定有不同时间段的考核和培养；对于费用，总要按照不同时间段进行统计审核、比较；只有发现自己一直在进步，才能说明企业有发展。

——这些理论完全可以用到今天的现实生活中来，对于一个企业的中高层主管来说，在企业里如何运作完全可以一目了然。

## 四、“权术”与“技术”

**1. “权术书”**

作为法家思想的集大成者，韩非是一个“权术”奇人。

他的《韩非子》当然也就是一部“权术书”。有人称之为“政治斗争的葵花宝典”，似也不虚。《史记》记载，当年，嬴政看过韩非的《孤愤》、《五蠹》之后，大发感慨：“嗟乎，寡人得见此人与之游，死不恨矣!”（《史记·老子韩非列传》）

谋略之学实际上是教人一些政治上的朴素真理。

太深奥的东西老百姓理解不了，要想一学就会就得简单明白，至少得有人把他说的让人一听就懂、一学就会。这样，《韩非子》才能变成一本“实用”的工具书。

如果我们把韩非的“权术”，看成是组织管理中的识人、用人、管人、考核人的技术，一切就变得简单了。

在拙著《〈韩非子〉组织管理的“权”与“谋”》一书中，笔者曾经选择《韩非子》中的十七个经典个案，来剖析组织管理中的“权”与“谋”，就是试图把韩非关于政治斗争中的复杂“权术”，转化成组织管理中的简单“技术”。

这种组织管理中的简单“技术”，其实也就是一个领导者开展领导行

动的能力，即胜任力。

笔者选择的十七个个案，实际上也就是把一个领导者开展领导行动的能力，拆分成十七个环节。然概括起来，仍然是两个部分，一是管人，二是理事。

兹将这十七个环节略述于下。

**2. 理事者七**

一曰守位。

人各有自己的位置，要守好。

不要乱名分。名不正，则言不顺。言不顺，则事不成。名分和责任是管理的基础。每个人都明确自己的身份，做自己应该做的事，承担起各自应该承担的责任，而非不顾名分，胡乱行动，这个社会才会稳定，这个国家才会发展。

不要乱方针。领导者要抓大事，不能事必躬亲，这是为政的基本方针。事必躬亲，下属反感，自身疲累，扼杀创造。人各有分工，领导者不应做、也做不好下级的事情。

不要乱章法。领导者的基本工作章法，是要求领导者在管理过程中，必须懂得通过充分授权最大限度地调动和发挥下属的智慧、能力与积极性。

二曰决策。

领导者的身边会有各种人等，但游戏的对象和决策的对象，必须严格划分清楚，在决断大事时更应如此。

“断事”找“近优”，固然是方向性错误，找“君子”当玩伴，恐怕也是个大问题。问题的关键所在，是人才的浪费。

善用人才体现着领导者的能力和气度。

三曰治众。

自古以来，组织管理的重点，就是保持宽与严的平衡。

“宽严相济”，就是政治措施要宽和严相互弥补、相互补充、相互协调。道理很简单，胡萝卜和大棒都不可少。

事实上，事物本来是错综复杂的，宽与严都不是绝对的，无论立法还是执法，都应斟酌情理，宽严结合。

宽要“有度”，严要“审势”。

过严，虽令人服从命令，但却无法使人心服；过宽，会使组织产生懒散结构。因此，两者保持平衡，才是理想的管理方法。

文武之道，一张一弛，谁运用得好，谁就是胜者。

四曰司职。

在任何一个工作岗位上，工作者的职责都不仅仅是按部就班，按照条条框框来墨守成规。现实中的很多事情，不会按照计划或者预想而来，当然也不是照搬制度条文就能妥善处理的。

能忠实执行而不会变通的人过“左”，因过于变通而让事情走样的人过“右”，那些既能根据实际情况变通又不违背原则的人才近乎“中庸”，近乎“中庸”的人才是优秀的人。

随机应变做好了分内之事，必然被赏识。而一个只知道遵守死规矩、照搬死制度而不知灵活变通的人，是永远不会有机会的。

天下事没有一件是不能变通的，不能变通只有一个原因——找错人了。

五曰善言。

说话是一门很深奥的学问。

说话，反映一个人的思想境界、道德水准和修养情操，也反映一个人的教养素质、文化水平和能力智慧。一个人的一生成功与否，很大程度上取决于这个人的说话水平。

六曰处事。

“处事之道，势不可尽”。在处理问题时，要留下一点回旋的余地，掌握“留下一点空白”的技巧。

凡事留有余地，是生活的智慧。留有余地，才能做到进退从容、曲伸自如。

《菜根谭》说：“事事要留个有余不尽的意思，便造物不能忌我，鬼神不能损我。若业必求满，功必求盈者，不生内变，必招外忧。”

七曰虑远。

思之不深，虑之不远，就像下棋，“随手而下者，无谋之人也；不思而应者，取败之道也。”

棋盘、官场都是一个道理，都要见微知著、深谋远虑，而不能“随手而下，不思而应”。

孔子他老人家当年曾感叹：会做官的人建立恩德，不会做官的人培植怨恨。

**3. 管人者十·应对**

关于人的十个环节，可以分为两个部分。

应对外人的，有五个环节。

一曰奉上。

奉上的关键之处，在于与领导相安，也就是能让领导安心。

按照韩非的说法，做臣子的，不要称颂尧舜贤德，不要赞美汤武功业，不要谈论刚烈清高，只有尽力维护法令纲纪，专心一意侍奉君主，才能做好忠臣。心里时时想着“尽力守法，专心事主”，哪里还会居功自傲呢？

二曰制衡。

在管理活动中，作为领导者，不仅要考虑权力的有效分配，更要注重权力的相互制衡。

在韩非看来，领导者绝不能期待部下的忠诚，能期待的只有自己而已。除了自己，没有人值得信任。所以重要权力不能授予一人。

桓公听从东郭牙的建议，让管仲和隰朋分权并立，是制衡。刘备托孤于诸葛亮，又以李严为副，也是制衡。忽必烈有言：“中书省是我的左手，枢密院是我的右手，御史台是我用来医治左右手的。”

三曰御下。

御下，首先要讲究原则和秩序。

讲原则就是坚持刑与法。刑是制度，法是处罚。

按照韩非的说法，纠正过失，追究邪行，治理混乱，判别谬误，去除贪欲之念，整治不法行为，统一民众规范，莫如法；整饬官吏，威慑民众，消除邪恶祸乱，禁止奸诈虚伪，莫如刑。

讲原则就要杜绝人情，也就是不以情侵法。

杜绝人情，不容特例，就是要“秩序至上”。

组织的秩序比个人的善意更为重要，任何人及其行为都不能破坏组织原则和工作秩序，任何善意都绝不能成为破坏组织原则和工作秩序的理由。

四曰授权。

管理是通过他人完成工作的一种程序或艺术。善于管理的领导者会想方设法调动下属的积极性，通过让人“做事”来实现组织的计划预期目标，最终实现领导。

管理的真谛，在于能够调动别人来完成预定目标。所以不会授权的领导自己忙，会授权的领导别人忙。

授权是必须的，关键在于如何授权。

一个出色的领导者，必能量才用人。不同特质的人才，要让他从事适合的工作，才能才尽其用，物尽其用。

五曰识人。

事业成败在于用人。一个成功的领导者，在掌权和用权的过程中，要有识人用人的本领。

在这个世界上，有才者未必有德，有德者未必有才。所以，想要得到人才、用好人才，首要前提就是会识别人才。

能识人就会用人，会用人就能成就一番事业，这就是识人的重要性。

识人，不仅仅是领导者、管理者的职责，也是每个人生活中无法回避的大课题。一个人生活过程中的诸多波折、艰险、郁闷等，说到底，多源自“识人”的失误。

孔子“以言取人失之宰予，以貌取人失之子羽”的深刻教训告诉我们，识人难，即便是圣人也不例外。

领导者和管理者手中一般都握有用人大权，一定要保持清醒的头脑，不为谣言所惑，不被媚行所迷，特别是要对工作和生活中违背常情常理的事情保持高度警惕。

**4. 管人者十·看护**

看护自我的，有五个重要方面。

一曰慎好。

“上有所好，下必甚焉”。用眼下的话说，叫做当权者的爱好引导时尚潮流。一个单位的风气往往跟领导者有很大关系。领导喜欢书法，单位里就会有很多书法爱好者。老板喜欢花草，员工们就都成了园丁。

领导者对所“嗜”、所“好”不可不慎，一言一行都要充分考虑对下级和群众产生的影响。要对自己的爱好有所节制、有所隐藏，不要轻易“示好”，以免给人以可乘之机。赖昌星被引渡回来了，多年前他的“名

言”就是警钟：“就怕领导没爱好。”

二曰守信。

“民无信不立，政无信不威”。“信”不仅是立人之本，也是为政之法；不止是一种个人的基本伦理，更是领导者一种最基本的政治操守。

一个人不守信用，不讲信誉，在别人眼里也就一文不值了。

信誉也是声誉，声誉就是名声。

一个人成长的过程，就是经过努力让自己的名声从无到有、从小到大的过程。

一个人在经济活动、政治生活和人际交往中，做出的每一个动作、说出的每一句话都是在经营自己这个品牌。

三曰避祸。

谗言自古是祸乱的根由，谎言流传千遍往往就会被认为是真理！

小人无处不在。我们对于小人，不仅要有“道义的愤怒”，更要有理智的手段。所以，要小心背后的冷箭。

小人虽成不了大事，但却能坏大事。所以，要“亲贤臣，远小人”，要懂得辨识小人和懂得与小人相处。

四曰全身。

自古美人相妒、文人相轻、武夫相薄，在社会生活中，一个人会对与自己同处一领域的比自己强比自己优越的人产生强烈的怨恨和深深的恐惧，甚至他会做出伤害对方人身或破坏对方财物等的行为，这就是嫉妒。

爱情中的嫉妒，叫作“吃醋”。生活中的嫉妒，叫作“吃不到葡萄嫌葡萄酸”。职场中的嫉妒，叫作“红眼病”。团队搏杀中的嫉妒，叫做“废置”，就是把对方最优良的资源搁置起来报废掉。

领导者，要善于掌控。一是掌控自己，不要走火入魔；二是掌控对手，警惕走火入魔；三是掌控下属，避免群魔乱舞。

五曰养晦。

“察见渊鱼者不祥，知料隐匿者有殃。”聪明人往往会比迟钝的人死得快，原因就在于聪明人更让人感到危机和危险，也更容易让人防备。

郑板桥给“难得糊涂”加写注脚曰：“聪明难，糊涂难，由聪明转入糊涂更难。放一着，退一步，当下心安，非图后来福报也。”

曾国藩写给弟弟们的家书云：“时时发露，终非载福之道。弟当以我

为戒，一味浑厚，绝不发露。”

郑板桥的“放”、“退”，目的是避祸，是智者的远虑；曾国藩的“浑含”、“不发”，目的是求福，是巧妙的手段。

# 附篇　案例剖析

本书的话题是思维方式、认识方法和前进方向，总得选几个案例进行解说。

既然是找案例，就得找那些大家都熟悉的故事，或者至少是更多的人都熟悉的故事。

显然，大家都熟悉的故事，或者至少是更多的人都熟悉的故事，都出自名著。

中国公认的名著，自然是《三国演义》、《水浒传》、《西游记》、《红楼梦》。据传，这是在上世纪50年代人民文学出版社出版时，将这四部书定名为四大名著的。

四大名著承载了中国文化的精华，不仅在潜移默化中对中国人的思维智慧、为人处世方式产生了影响，对社会思潮、社会风气、政治生态变化也有着无与伦比的深远影响。

《三国演义》，章学诚称为“三分虚构，七分事实”，“古今多少事，都付笑谈中”，不好评说。而且，本书要讨论的是三个话题，用“四”说“三”，肯定会有点乱。

因此，笔者才决定从其他三大名著中，各挑选一个人物，进行剖析。

《西游记》中，都是“造化会元功”，但在一个时段里，以处事失当、处境尴尬而言，却是玉皇大帝为最。故为思维方式类的典型。

《红楼梦》内，却是“满纸荒唐言，一把辛酸泪”，而晚景凄凉，莫过于末世凡鸟王熙凤。故为认识方法类的典型。

《水浒传》里，“见成名无数，图名无数，更有那逃名无数”，唯有宋江哥哥遗憾无数。故为前进方向类的典型。

当然，需要首先申明，本篇讨论的内容范畴，仅限于三部名著本身的情节与内容，概为“过往”，不涉“现实”，尚请各位及三书官方见谅。

而且，本篇所依据的，《西游记》为现行通行百回本，《水浒传》为金圣叹评改七十回本，《红楼梦》不考虑第八十回后高鹗续书的文字。

诸位看官，“不如且覆掌中杯”，只当是“再听取新声曲度”。

**方：**

象形。下从舟省，而上有竝（bìng）头之象。

《说文》：方，并船也。象两舟总头形。

本义：并行的两船。

泛指并列，并行。

**式：**

形声。从工，从弋（yì），弋亦声。

“弋”为“戈”省，意为“巡逻之戈”，引申为“巡逻”、“游动”。

《说文》：式，法也。

本义：武装执法。

引申义：规范（秩序）。

**方式：**

1. 说话做事所采取的方法和形式；
2. 可用以规定或认可的形式和方法；
3. 在一定的生产力发展水平条件下，表现人类的朴素的自然科学技术和社会科学技术发展水平。

**方：**

象形。下从舟省，而上有竝（bìng）头之象。

《说文》：方，并船也。象两舟总头形。

本义：并行的两船。

泛指并列；并行。

**法：**

会意。从水，从去。古作“灋”。

《说文》：灋，刑也。平之如水。从水，廌所以触不直者去之，从去，会意。

廌（zhi），神兽。《说文》：“解廌（xiè zhi），兽也。似山羊一角。古者决讼，令触不直。象形从豸者。凡廌之属，皆从廌。”古有神兽决狱的传说。

基本义：刑法；法律；法度

引申义：法令、规章、制度，标准、模式，轨持，效法。

**方法：**

1. 测定方形之法；
2. 办法，门径；
3. 方术，法术；

4. 法则。

**方：**

象形。下从舟省，而上有竝（bìng）头之象。

《说文》：方，并船也。象两舟总头形。

本义：并行的两船。

泛指：并列；并行。

**向：**

象形。从宀（ miián)，从口。

“宀”表示房屋，甲骨文中像屋墙，有窗户之形。

《说文》：向，北出牖也。古宫室北墉，无户牖，民间或有之，命之曰向。

本义：朝北开的窗户

**方向：**

1. 指东、南、西、北等四个方位；
2. 正对的位置：自一点向外引伸的路线；
3. 思想或努力的预定途径；
4. 方言：情势。

# 第十六章　阴谋序曲中的老实人

核心提示：

如果说西天取经是一场阴谋，那么猴王出世则可以说是这场阴谋的序曲。

在阴谋序曲中，玉帝由于策略失误，处理不善，终于导致孙悟空大闹天宫，事态完全失控，不得不将处理权拱手转交到如来佛祖手中。佛祖不仅借机接管了猴子问题的处理权，也由此一度取得了对天庭事务的指导权。

所有这一切，都缘于玉帝的惯性思维、惰性思维。

而当玉帝以全新的思维方式审视这一切的时候，他就想到了也想通了很多问题。

有人说，西天取经是一场阴谋。

论者以为，这场阴谋，是为了培养唐三藏。然以鄙人看来，如果说西天取经是一场阴谋，那么，这场阴谋要培养的也压根儿不是三藏，而是悟空。

因为从组织成长的角度看，《西游记》这部书讲的是一个小组织如何活下去的问题。但从个人成长的角度看，《西游记》这部书所讲的，则是一个对孙悟空如何安排使用的问题。

据此而论，如果说西天取经是一场阴谋，那么猴王出世则可以说是这场阴谋的序曲。这是《西游记》这部大书中的一个绝大关节。

而玉皇大帝这个老实人，也成了阴谋序曲中最大的尴尬人。

## 一、横空出世

“故事里的事，说是就是。”

要正确认识西天取经这场阴谋，就得对阴谋序曲有个准确的把握。其中最重要的，是首先要对阴谋序曲的核心问题——“大闹天宫”的性质——进行准确判断和定位。

孙悟空不屈的造反精神，是很对毛主席的胃口的。他老人家看《西游记》，最喜欢无法无天、大闹天宫的孙悟空。他在1955～1958的四年间三谈花果山，亲自考证出花果山在江苏省连云港市，并有“金猴奋起千钧棒，玉宇澄清万里埃”传世（《七律·和郭沫若同志》）。在他晚年的书房里，还一直放着5种不同版本的《西游记》，供他随时翻阅。

革命无罪，造反有理。要造反，就要说出理由来。后来梁山上那伙子人为了证明自己造反的正义性，不就找出了官逼民反、替天行道这样堂皇的理由么。

可是，孙悟空一不均贫富，二不清君侧，三不谈主义，为什么要造反呢？

一种看法是，原因在于孙猴子心火太旺，自视太高，不懂适应社会。

另一种观点认为，源于天庭人才选拔、晋升与使用制度的缺位，草根需求引发权力重组。

前者似乎是站在老板的角度发力，后者则有替兵仔呐喊之嫌。这并不奇怪，人所处的位置不同，得出的结论当然也不会相同。屁股决定脑袋么。

然以鄙人看来，上述两种观点都忽略了问题的关键。

问题的关键有两处：一是猴子的出身，二是猴子的手法。

先说出身。

孙猴子的登场，是件很蹊跷的事，完全称得上是横空出世。按照《西游记》官方的说法是这样的：

那座山（花果山），正当顶上，有一块仙石。其石有三丈六尺五寸高，有二丈四尺围圆。三丈六尺五寸高，按周天三百六十五度；二丈四尺围圆，按政历二十四气。上有九窍八孔，按九宫八卦。四面更无树木遮阴，左右倒有芝兰相衬。盖自开辟以来，每受天真地秀，日精月华，感之既久，遂有灵通之意。内育仙胞，一日迸裂，产一石卵，似圆球样大。因见风，化作一个石猴，五官俱备，四肢皆全。便就学爬学走，拜了四方。目

运两道金光，射冲斗府。（第一回“灵根育孕源流出，心性修持大道生”）

其实，就是东胜神州傲来国的这座花果山，也不是寻常之地，“乃十洲之祖脉，三岛之来龙，自开清浊而立，鸿蒙判后而成。”

后来，猴子在西牛贺洲得一来历神秘的菩提祖师传授一身惊人艺业，更非寻常。猴子的这位师父普提祖师，只用了三年功夫就使他学会了长生不老术、七十二变和筋斗云的本领，而真正学到本事，其实只用了两个晚上！由此足见这位大仙绝非等闲之辈。

这位来历神秘、神龙见首不见尾的祖师，有人认为是如来八大弟子之一的须菩提，也有人推理为如来佛祖的师弟，吴闲云先生《西游记未解之谜》则考证出其实就是如来佛祖本人！

那么，这个需要佛祖师弟或者佛祖本人亲自密授艺业的石猴，到底是何方神圣呢？

看来，悟空的出身及成长背景都是极其神秘复杂的。这一点大家可要仔细体会。

再说手法。

有人说猴子不懂权术，故而在生存斗争中无战不胜，而在权力斗争中则始终无法证明自己掌权的合法性。以鄙人之见，这种说法，既缺乏对斗争影响的准确判断，也是对孙猴子及其背后大佬智商的严重低估。

孙猴子求学归来，立即剿灭了占据水帘洞的混世魔王，建立了稳固根据地。但如何发展，如何拥有自己的未来呢？正常的渠道，对于他这样一类人是不合适的。他所要成就的，也不是一般意义上的事业。

聪明的猴子立即对自己的发展途径作出了一个准确的判断和选择：占据山头，以黑社会手法迅速建立影响，扩大知名度！

有人以为，作为一方黑社会老大，孙猴子闹龙宫、闹冥府，不过是在权力生态链低端竞争而已。其实，孙猴子的真正目的，是要以“闹”成名。

他一闹龙宫，强索金箍棒，获得了具有强大攻击力的武器，“四海千山皆拱伏”。二闹冥府，强销生死籍，彻底解决了生存问题，“九幽十类尽除名”。三闹御马监，击败天兵，自立“齐天大圣”，并获准在天庭开府建牙。然而他意犹未足，直至乱蟠桃、偷仙丹，搅闹灌江口，蹬翻八卦炉，

大闹天宫，威震三界。

我们判定孙猴子是以“闹”成名，还有一个依据。按照常理，孙猴子在天庭开府之后，“不较俸禄高低”，“只知日食三餐，夜眠一榻，无事牵萦，自由自在”，一副满足感，哪里有任何再“闹”的意思？而实际上，他却是谋之深远，紧紧抓住这个短暂的休战期，“结交天上众星宿，不论高低，俱称朋友”（许旌阳真人语），广泛接触各路神圣，联络关系，培养感情，广布人脉。

那齐天府下二司仙吏，早晚扶侍，闲时节会友游宫，交朋结义。见三清，称个“老”字；逢四帝，道个“陛下”。与那九曜星、五方将、二十八宿、四大天王、十二元辰、五方五老、普天星相、河汉群神，俱只以弟兄相待，彼此称呼。今日东游，明日西荡，云去云来，行踪不定。（第五回“乱蟠桃大圣偷丹，反天宫诸神捉怪”）

他闹出了事，也闹出了名，更闹出了个“猴子问题”。而且，这个“猴子问题”还成了天庭、成了玉帝挥之不去的梦魇。

而这一切，才仅仅是个开始。

## 二、决策失误

玉皇大帝是个老实人。

玉皇大帝本是光严妙乐国净德时王之子，自幼根器不凡，舍国修道，功成超度。“经三千二百劫，始证金仙，又经十万劫，方证玉帝，总执天道之神”。唐宋时道经《高上玉皇本行集经》、明末徐道《三教同原录》均持此言。后来如来佛祖向孙猴子介绍玉帝的情况时，也说他“自幼修持，苦历过一千七百五十劫，每劫该十二万九千六百年”，想来不虚。

本来，玉皇大帝统领天、地、人三界，管理宇宙万物兴隆衰败、吉凶祸福，工作也很勤勉，治下也算承平。

然而，某一天，东胜神州傲来国花果山上，一块石头莫名其妙迸裂生出的一个石猴，却打乱了这一切。

而这一切的乱，却起自于他的一个不经意的决定。

当东海龙王敖广、冥司秦广王赍奉幽冥教主地藏王菩萨进表，报告孙猴子的种种不法之事的时候，他极为轻率地作出了决策："朕即遣将擒拿。"随口就问："哪路神将下界收伏？"当太白金星建议"授他一个大小官职，与他籍名在箓，拘束此间"时，他立即改了主意，"依卿所奏"，即着文曲星官修诏，着太白金星招安。

表面看来，玉帝做的并不错，甚至还比较有道理。在孙悟空被压于五行山下之前，玉帝两次招安，三次用兵，尽管效果不佳，但他一手抓招安、一手抓镇压，又打又拉，用革命的两手对付反革命的两手的策略却是对路的。

然而，我们可以这样看，但却不能这样想。

其实，换个角度，换个思路，换个思维方式，我们就会发现，玉帝处理猴子问题的总纲，却是"战和不定"。玉帝一次又一次地战和反复，不仅没有收到任何效果，相反却徒让孙猴子迅速坐大，并最终使"猴子事件"演化成"猴子问题"，闹得一发而不可收拾。

玉帝的问题，总结起来有三点：

第一，胸怀问题。

对于猴子这样的草根豪杰，玉帝第一反应是"哪路神将下界收伏"，也就是说，在玉帝的脑海里，根本没有危机感。

不仅没有危机感，也没有容忍度。

孙悟空的法术是相当了得的，而且至少在当时还没有排除效命天庭的可能性。如果善加引导，用其所长，封其斩妖除魔之类的官职，他说不定会乐此不疲的。

第一次人事任命时，由于"天宫里各宫各殿，各方各处，都不少官，只是御马监缺个正堂管事"，玉帝随口就传旨，"除他做个'弼马温'罢"。一天之帝在人事安排上如此随意，使太白金星化解积怨、延揽人才的初衷完全落空，也难怪猴子知道真相后大为不满。

第二，思路问题。

玉皇大帝从来没有认真想过，这个不缺工作也不缺钱的山大王到底要什么。

是啊，孙悟空到底要的是什么呢？

其实，占山为王的孙悟空缺的是地位，要的也是地位。

他反复搅闹，导火线就是因为别人对他地位的嘲笑。最后发生的一连串事件，起因皆在于王母娘娘发起的蟠桃嘉会没有请齐天大圣，严重损伤了猴子的自尊心。

第二次人事任命，是因为猴子反下天庭，自立为“齐天大圣”，玉帝派兵收服未果。这时候太白金星出了个主意：

太白金星奏道：“那妖猴只知出言，不知大小。欲加兵与他争斗，想一时不能收伏，反又劳师。不若万岁大舍恩慈，还降招安旨意，就教他做个齐天大圣。只是加他个空衔，有官无禄便了。”玉帝道：“怎么唤做‘有官无禄’？”金星道：“名是齐天大圣，只不与他事管，不与他俸禄，且养在天壤之间，收他的邪心，使不生狂妄，庶乾坤安靖，海宇得清宁也。”（第四回“官封弼马心何足，名注齐天意未宁”）

这一次，太白金星出的是一个馊主意，玉帝居然“依卿所奏”！他也不想想，如果每个妖仙鬼怪都学孙猴子这样要官，而且都能如愿以偿，那爵位还有什么尊荣可言？天庭如果在威胁面前轻易让步，那纲纪还有什么威严可言？

第三，记忆问题。

早在猴王出世之初，“目运两道金光，射冲斗府”，玉帝问何故，千里眼、顺风耳回报乃花果山上一仙石产一卵，见风化一石猴，在那里拜四方，至有金光。玉帝垂赐恩慈曰：“下方之物，乃天地精华所生，不足为异。”

能够“目运两道金光，射冲斗府”，令天庭“见有金光焰焰”，还“不足为异”，玉帝的何其不敏也。

更令人生气的是，他随即就忘了这茬。后来东海龙王、冥司秦广王前来告状，他竟然问：“这妖猴是几年生育，何代出生，却就这般有道？”也难怪千里眼、顺风耳抱怨：“这猴乃三百年前天产石猴。当时不以为然，不知这几年在何方修炼成仙，降龙伏虎，强销死籍也。”

再如第三次人事任命，许旌阳真人担心孙猴子“闲中生事”，玉帝随即任命猴子权管蟠桃园。这完全是玉帝自找麻烦。把猴子收上天的本意，就是让他不闹事，目的已经达到了，怎么又想起让他做事呢？还偏偏让他

去管蟠桃园，难道是有意锻炼猴子的职业操守？

## 三、佛祖出手

在悟空问题刚出现的时候，如来在关注吗？

以如来佛祖的神通广大，孙悟空闹的一佛出世二佛升天，他怎么会不知道呢？他时刻关注着事情的发展，也随时调整着应对策略。

终于，玉帝把问题搞得一塌糊涂，不可收拾，佛祖的机会来了。

佛祖一出手，问题就搞定了。

如来佛祖用了软和硬两手。

软的一手，是吓住，警告猴子不要胡说。

佛祖初临战场时，猴子是如何反应的？

大圣也收了法象，现出原身近前，怒气昂昂，厉声高叫道："你是那方善士？敢来止住刀兵问我？"如来笑道："我是西方极乐世界释迦牟尼尊者，阿弥陀佛。今闻你猖狂村野，屡反天宫，不知是何方生长，何年得道，为何这等暴横？"大圣道："我本：天地生成灵混仙，花果山中一老猿。水帘洞里为家业，拜友寻师悟太玄。炼就长生多少法，学来变化广无边。在因凡间嫌地窄，立心端要住瑶天。灵霄宝殿非他久，历代人王有分传。强者为尊该让我，英雄只此敢争先。"（第七回"八卦炉中逃大圣，五行山下定心猿"）

猴子"怒气昂昂"，是有道理的，那是他的一腔怨气："你不帮我，我自奋斗。"他喊出的12句话，后6句摆明了自己的要求，前6句几乎就是"天王盖地虎"，要对暗号了。

佛祖当然不能对出"宝塔镇河妖"，他不允许猴子说出什么，即予警告：

"你那厮乃是个猴子成精，焉敢欺心，要夺玉皇上帝尊位？他自幼修持，苦历过一千七百五十劫。每劫该十二万九千六百年。你算，他该多少年数，方能享受此无极大道？你那个初世为人的畜生，如何出此大言！不当人子！不当人子！折了你的寿算！趁早皈依，切莫胡说！但恐遭了毒手，性命顷刻而休，可惜了你的本来面目！”（第七回“八卦炉中逃大圣，五行山下定心猿”）

如来对孙悟空说的最后一句话，大有玄机。

“趁早皈依，切莫胡说！但恐遭了毒手，性命顷刻而休，可惜了你的本来面目！”如来到底担心什么呢？

如来担心的是猴子“胡说”！一旦说漏了嘴，把师承、出身泄露出去，不但坏了如来大计，猴子自身也极可能是“恐遭毒手”。是啊，莫看你今日跳得欢，那是玉帝没有真正下狠手，太上老君、镇元大仙等大佬级高人，哪一个不能要了你的性命？果真如此，不仅“可惜了你的本来面目”，还要把我的一番辛苦、一番心血尽付东流！

硬的一手，是摁住，压住猴子不要再闹。

我今东来，便是谋略已定，筹划已毕；你尚年轻，要珍惜自己，耐心等待。

佛祖先是翻掌一扑，把猴子推出西天门外，将五指化作金、木、水、火、土五座联山，唤名“五行山”，轻轻的把他压住。后来又恐不妥，才用金字压帖镇住五行山，“那座山即生根合缝，可运用呼吸之气，手儿爬出，可以摇挣摇挣”。临走的时候，又安排好猴子的生活，“将五行山召一尊土地神祇，会同五方揭谛，居住此山监押。但他饥时，与他铁丸子吃；渴时，与他溶化的铜汁饮。待他灾愆满日，自有人救他。”（第七回“八卦炉中逃大圣，五行山下定心猿”）

现在，可以开始第二步计划了。

## 四、安天大会

如来佛祖殄灭了妖猴，替天庭解决了这个难题，玉帝答谢一番是少不了的。

答谢宴会的级别很高，“三清、四御、五老、六司、七元、八极、九曜、十都、千真万圣，来此赴会”，“大开玉京金阙、太玄宝宫、洞阳玉馆，请如来高坐七宝灵台”，这样的规模，这样的排场，这样的陪同阵容，

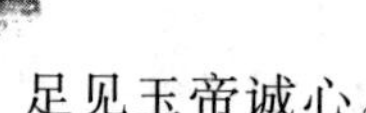



足见玉帝诚心。

然而这顿饭，身为东道主的玉帝却吃得很不爽。

不爽的地方有两处。

一是宴会名称。

（诸仙老）向佛前拜献曰：“感如来无量法力，收伏妖猴。蒙大天尊设宴，呼唤我等皆来陈谢。请如来将此会立一名，如何？”如来领众神之托曰：“今欲立名，可作个‘安天大会’。”各仙老异口同声，俱道：“好个‘安天大会’！好个‘安天大会’！”（第七回“八卦炉中逃大圣，五行山下定心猿”）

本来，诸神仙这样提议，出这个题目，不排除有“听听如来佛祖怎样说，看看如来佛祖怎样看待这件事情”的意思，但佛祖将其立名为“安天大会”，却是惹得一众神仙大大地不爽。是啊，刚刚收了个“齐天大圣”，现在又开了个“安天大会”！这天庭之上若得安宁，看来是真少不了你老人家了！

不论玉皇大帝听到这个词后脸上是什么表情，但各仙老异口同声，俱道：“好个‘安天大会’！好个‘安天大会’！”其含义，恐怕就不仅仅是赞扬和佩服了吧！

二是三个人物。

“安天大会”上三个人的表现更让玉帝生气。

一个是自己的太太王母娘娘，置身份于不顾，“净手亲摘大株蟠桃数枚奉献”，置天庭威仪于何地？

另外两个是南极仙翁老寿星和赤脚大仙，置诏命于不顾，姗姗来迟，还一个“特具紫芝瑶草，碧藕金丹奉上”，一个“特具交梨二颗，火枣数枚奉献”，意欲何为？

不爽归不爽，玉帝的意图却是部分实现了的。

玉帝老实是老实，但却既不笨，也不傻。

尽管在“安天大会”上，各路仙老吵吵嚷嚷，玉帝却是至始至终一言未发。

玉帝的本意，是要借答谢之机，与佛祖最后敲定对猴子的处理结果。

按照玉帝的意思，肯定是杀无赦的。但佛祖的表现，却是希望能保全悟空的一条性命——难道他倡议将宴会命名为“安天大会”，其本意不过是告诉玉帝和众位仙老，猴子已经就擒，天庭已经安宁，还是不去要杀了的好？

如果真是这样的话，那佛祖和猴子之间一定是有关系的。

整个“安天大会”的成功举办，玉帝达到了试探如来的目的。但是，如来也不是输家，因为玉帝仍然没有拿到如来的任何把柄。这一场只能算是打了一个平手，各自都达到各自的目的：玉帝印证了他的怀疑，如来保住了悟空性命。（六铃使者《揭密取经门》第六回）。

## 五、怀疑

玉帝到底在怀疑什么呢？

在被如来佛祖压在五指山下之前，孙悟空大闹天宫，曾先后击败过托塔天王及麾下四大天王、十万天兵，恶斗过二郎真君，也曾“打得那九曜星闭门闭户，四天王无影无形”，“使铁棒东打西敌，更无一神可挡”，王灵官加上三十六员雷将把大圣围在垓心鏖战，那大圣全无一毫惧色，“众雷神莫能相近”。

但这也只是说说，要说是战无不胜，不过是个玩笑而已。不要因为孙悟空闹了天宫，就以为他有多厉害，其实根本不是那么回事。道理很简单，他连个二郎神都搞不定，还奢谈什么“战无不胜”！三十六员雷将就把他困住了，他怎么可能反得了天宫？况且，天庭出动的最高级别人物，不过九曜，陪如来佛祖吃饭的那些大佬，才是真正的重量级人物！

后来取经路上发生的一些事，将会更加印证玉帝的怀疑：唐僧的诸般磨难，没有一次是孙悟空自己化解的，而是每次被逼到绝境后，孙悟空找到相关神仙，化解危机。二十八宿中一个小小的奎木狼，下界在宝象国波月洞，化身为黄袍怪，孙大圣竟然都束手无策，可为佐证。

玉皇大帝想的是：这个孙悟空也说不上有多大能耐，怎么就敢来闹天宫？他破坏公物，盗窃珍宝，殴打天庭兵将，“闹”来“闹”去，究竟是仗的谁的势？是什么人在背后给他撑腰？

玉帝绝对不会相信，一只没有来由的猴子，能干出这么惊天动地的大事。

所有这一切，归根结底就是一个问题：这孙猴子到底是什么出身，究竟是什么来历！

而这个疑问，玉帝也是一步一步产生的。

一开始，玉帝也曾认为悟空是天产石猴，但这个石猴接二连三闹事，而且越闹动静越大。而在处理过程中发生的一系列事情，也让没有对猴子问题予以高度重视的玉帝越来越认识到，收伏悟空是一件难度极大的事情。以托塔天王李靖为例，按照常理，他的照妖镜应该是可以及早搞清楚孙猴子的真实身份的，但他与悟空前后两次对上交锋，居然一次都没有用过。这倒不是说托塔天王有多少别的心思，而是与猴子多次近距离接触过的托塔天王已经明白，照也没有用，这猴子是照不出来的！

但更麻烦的问题在于，他总不能为了一只小小的石猴，让三清、四御、五老、六司、七元、八极这些超级元老冲锋陷阵吧！

让他们出面平乱，一则他们可能顾忌身份，不愿意干。太白金星的玉瓶，明明可以吸人的，老头儿为什么却躲得远远的不见踪影？以猴子偷仙丹、蹬翻八卦炉之事，太上老君本应该出手的，他的金钢琢，明明也是能够收掉金箍棒的，他老人家却只用来在孙猴子和二郎真君恶斗之际，打了猴子头上一下，不正说明了这个问题吗。

二则时间不够。请人、布置、决战，都是要花费时间的。其时已经天庭震动，三界喧嚷，但如不迅速收服，天庭威仪何在，三界秩序何在！

玉帝万般无奈之下，只得忍痛交出处理权，请佛祖！

当然，玉帝也希望借此查清一个问题：孙悟空与如来佛祖之间，是否有关系，到底是什么关系。

然而，这一请，却请出了更大的麻烦。

## 六、痛定思痛

猴子镇压五行山下，佛祖倡名“安天大会”，阴谋序曲总算是奏完了最后一个音符。

但对于玉帝来说，这一曲却是苦涩的。

猴子威震天下，佛祖名扬三界，玉帝和天庭得到了什么呢？仅仅是知道他们之间是有关系的这小小的一点吗？

本来，玉帝对孙悟空问题的处理是具有完全自主权的，而且这也是玉帝职权、职责范围之内的事情。

然而不幸的是，玉帝连续出现决策失误，丧失了这个主动权，令天庭丢脸，也令自己蒙羞。

痛定思痛，玉帝想清楚了很多事情：

悟空的出身及成长背景或许只能是在桌子底下商讨的问题，但如何安排使用悟空，却可以是摆在桌子上面的一件大事。

如果当初能够准确判断形势，正确提出决策，精确执行步骤，那么，他至少有上中下三策可用：

一是与佛界结义。替如来佛祖培养好孙悟空，以孙悟空为媒介，搭建与佛界的友谊之桥。

一是与猴子结情。重用孙悟空，天界获得一员大将，天庭实力迅速壮大。

一是与佛祖结缘。主动与佛祖沟通，协商处理猴子问题，并利用此间掌握的一些信息获得回报。

然而，他却因策略失误，处理不善，终于导致孙悟空大闹天宫，事态完全失控，不得不将处理权拱手转交到如来佛祖手中。

本来，玉皇大帝统领天、地、人三界，如来佛祖掌管佛界，二者平等相处。现在，佛祖不仅借机接管了猴子问题的处理权，也由此一度取得了对天庭事务的指导权。

所有这一切，都缘于玉帝的惯性思维、惰性思维。

也许，后来，玉帝还能够得知西天取经中的很多事情：

一是孙悟空的关系网。

西天取经路上，孙悟空打死了不少妖魔鬼怪，可是天庭诸神仙的童子坐骑、亲属好友下界为妖，怎么一个都没有丧失性命？他们到底和孙悟空有什么友谊、哪种交换？孙猴子为什么动不动就上天去搬救兵？取经是他们佛界的事，你们天界的各位同学乱插什么手！

二是取经团的众成员。

西去取经的成员，天蓬元帅、卷帘大将、西海龙王的三太子，这几位

同学为什么全是自己处罚过的人？这些罪行累累的天宫前公职人员，一路上斩妖除魔，在灵山封佛拜罗汉、使者，风光无限，自己可不是为他人作嫁衣裳，落了个里外不是人吗？

还有，为什么孙猴子压在五行山下，他的那根从龙宫抢劫的稀世珍宝、造反凶器金箍棒，却没有没收，而是平平安安一直躺在他的耳中？为什么天蓬元帅醉戏嫦娥，被贬下凡，却能带走九齿钉耙？为什么卷帘大将失手打碎琉璃盏被贬下界，却带走了那把随身的御赐禅杖？

看来，这天庭确实要大加整顿了。

三、如来佛的二弟子。

佛祖谋画西天取经之事，是以东土“众生愚蠢，毁谤真言，不识我法门之要旨，怠慢了瑜迦之正宗”为由，要将三藏真经送上东土。他亲自选定座下二弟子金蝉子，借口他不听讲座，贬下凡去，让他投胎凡间，领班西行。可是佛祖为什么不但让他丢失了曾有的法力，还让他同时丢失了“前生”的记忆呢？这真的是要培养金蝉子吗？

……

## 七、反击

当玉帝以全新的思维方式审视这一切的时候，他想到了、也想通了很多问题。

一旦想到了也想通了这些问题，他立即布置了一次反击。

这次反击堪称杰作，高明之极。

唐僧师徒路过金兜山，在金兜洞，猪八戒看见没人，便贪心拿了人家三件纳锦的背心。不料，这一拿，却拿出了一桩天大的祸事。

金兜洞洞主独角兕（sì，雌犀牛）大王，便是太上老君的坐骑青牛精，把唐僧、八戒、沙僧一体擒住，并扬言要“待我拿住他大徒弟，一发刷洗，却好凑笼蒸吃”，坐等孙悟空前来要人。孙悟空前去索人，被收了金箍棒，一战不胜；请天庭诸将协助，六件兵器被捞了去，二战不胜；再请水火诸神襄助，依然不胜。万般无奈之下，只好找佛祖求助。

兕大王要的就是这个结果，玉帝等的就是这个机会。

如来听说，将慧眼遥观，早已知识，对行者道："那怪物我虽知之，但不可与你说。你这猴儿口敞，一传道是我说他，他就不与你斗，定要嚷上灵山，反遗祸于我也。我这里着法力助你擒他去罢。"行者再拜称谢道："如来助我甚么法力"如来即令十八尊罗汉开宝库取十八粒"金丹砂"与悟空助力。行者道："金丹砂却如何?"如来道："你去洞外，叫那妖魔比试。演他出来，却教罗汉放砂，陷住他，使他动不得身，拔不得脚，凭你揪打便了。"行者笑道："妙！妙！妙！趁早去来！"那罗汉不敢迟延，即取金丹砂出门，行者又谢了如来。（第五十二回"悟空大闹金兜洞，如来暗示主人公"）

听如来佛祖的口气，那妖怪敢到灵山来闹事，连佛祖都怕他！

这是为什么？

其实原因很简单，佛祖心中十分了然：这个兕大王，正是玉帝授意太上老君故意放出来挑衅的！

兕大王盘踞在金兜洞，并无恶迹，他的唯一使命，就是坐等唐僧师徒，找他们的麻烦。不料想唐僧师徒自己送上门来，主动授人把柄：猪八戒偷背心，理亏在先，孙悟空要大牌，要打死人家，这走到哪里都是说不过去的！

佛祖真要替孙悟空出头，那就是要挑起佛界与天界的冲突！

兕大王的使命，就是要抓住这个良机，为玉帝出一口恶气，为天庭挣一个面子！

那么，如来佛祖是怎么摆平这件事的呢？

他的办法是：派十八尊罗汉带十八粒"金丹砂"给悟空助战，并哄骗悟空说："教罗汉放砂，陷住他，使他动不得身，拔不得脚，凭你揪打便了。"

问题是，两军阵前，金丹砂根本就没有陷住兕大王，反而被兕大王尽行套去。

这时候，降龙、伏虎二罗汉说话了。

降龙、伏虎二罗汉对行者道："悟空，你晓得我两个出门迟滞何也?"行者道："老孙只怪你躲避不来，却不知有甚话说。"罗汉道："如来吩咐

我两个说，那妖魔神通广大，如失了金丹砂，就教孙悟空上离恨天兜率宫太上老君处寻他的踪迹，庶几可一鼓而擒也。”行者闻言道：“可恨！可恨！如来却也闪赚老孙！当时就该对我说了，却不免教汝等远涉！”（第五十二回“悟空大闹金兜洞，如来暗示主人公”）

金丹砂陷不住兕大王反被套去，这个结果，如来佛祖是知道的。他事先已经特意秘密吩咐降龙、伏虎二位罗汉，一旦失了金丹砂，就教孙悟空去找太上老君，必可擒得那厮。这才是他的本意所在，也是此计的核心所在。

问题是，如来佛为什么不直接叫孙悟空去找太上老君，而是要先失了金丹砂，再去找太上老君呢？

如来佛早已给出了两种答案：

1. 直接叫孙悟空去找太上老君的后果是：那妖怪定要嚷上灵山跟如来佛拼命！

2. 失了金丹砂再去找太上老君的后果是：必可将那妖怪一鼓而擒获！

怪哉！两种决然相反的结果，居然是取决于是否失了“金丹砂”！

我们再看，太上老君是怎么来的？是在听孙悟空说兕大王已将金丹砂抢去后才来的！收伏兕大王后，是兵器的都还了，金丹砂却没有还。（吴闲云《西游记未解之谜》第64节）

金丹砂究竟是什么？原著中有很详细的描述：“此砂本是无情物，盖地遮天把怪拿。只为妖魔侵正道，阿罗奉法逞豪华。手中就有明珠现，等时刮得眼生花。”

呵呵，这是钱啊！

结局是什么？“均平物我与亲冤，始合西天本愿。魔兕刀兵不怯，空劳水火无愆。老君降伏却朝天，笑把青牛牵转。”

玉帝是满意的。

佛祖与道祖在残酷的竞争中，双方终于相互妥协了，佛道并存的格局就此而定。从此之后，两家相安无事，再无争战。（吴闲云《西游记未解

之谜》第 64 节）

## 八、尾声

电视连续剧《西游记后传》梗概：

西天取经后三百年，三万三千年前世尊大护法“紧那罗菩萨”，以魔界大圣魔罗的身份重临佛界，占据灵山，自称“无天佛祖”。

燃灯上古佛和如来佛祖先后圆寂，三界大乱。

按照劫数，三十三年后，如来佛祖会借转世灵童法身，仗十七颗舍利子夺天地造化，重返三界。无天若要永霸三界，必须利用悟空拿到十七颗舍利子，杀死转世灵童。

悟空识破阴谋，历尽千辛万苦，终于找到十六颗舍利子。危急时刻，悟空得知自己就是制服无天的第十七颗舍利——无骨舍利，毅然跳入火海。十七颗舍利子照耀之下，无天神形俱灭，如来现出金身，返回佛界。

众人齐心协力凝聚意念，悟空奇迹般地回到了三界之中，并被如来佛祖封为新的万佛之祖——南无大圣舍利尊王佛。

最终还是那些念，缠缠绵绵总不变
写尽了从前以后，佳酿红颜，美妙不可言
怎样勘破命中缘，怎样参透情中线
无非是再多一点，再少一点，谁知深和浅
——电视连续剧《西游记后传》片头曲“我欲成仙”

# 第十七章　大观园里的CEO

核心提示：

世人都说，王熙凤这个大观园里的CEO，是个了不得的管理专家。

然而，对于一个不明大局的CEO来说，她做的越多，局面就越糟。

因为，尽管百年贾府表面上依然威名赫赫，但实则已经远“不比先时的光景”。在这样的局面之下，王熙凤的使命是，尽力延缓贾府的衰落之势，等待贾宝玉长大成人，顺利交权。

遗憾的是，由于不明大局，人、钱、物三样重要工作，王熙凤一样没有做好。

不仅没有做好，反倒因为站队的关系，背上了背叛之名。

更为重要的是，她没有认识到，一座大观园里，其实是高手如林。不同的是，其他高手都躲在幕后，她却站到了前台。

在前台，她以喜剧上场，却以悲剧谢幕。

王熙凤的悲剧，缘于她认识方法上的问题。

《红楼梦》，一直被公认为中国古典小说不可逾越的巅峰。

而《红楼梦》的最迷人之处，恰如鲁迅先生所言：“单是命意，就因读者的眼光而有种种：经学家看见《易》，道学家看见淫，才子看见缠绵，革命家看见排满，流言家看见宫闱秘事……”①

当年，毛主席他老人家就说过，“《红楼梦》不仅要当做小说看，而且要当做历史看”，并且毫不隐晦地说，他本人就是“把它当历史读的”。

对于今天的现代人来说，一部《红楼梦》，更是一部职场法则、一部管理案例的晃晃大书。

---

①　鲁迅文集《集外集拾遗》

说到管理，便是曹雪芹夫子，当年也曾有言："金紫万千谁治国，裙钗一二可齐家。"（《红楼梦》第十三回尾）

王熙凤铁腕整治宁国府，贾探春首创土地承包制，薛宝钗义利结合收人心，皆是管理案例中的成功典范。

但若论管理才能之卓越、全面，则莫若王熙凤。

然而，命运带给王熙凤的，却是一场悲剧。

## 一、凡鸟偏从末世来

林黛玉回扬州探望父亲的那一年，宁国府出了一件大事。

这年冬底，宁国府的少奶奶秦可卿突然暴亡。她死的有点蹊跷，"合家皆知，无不纳闷，都有些疑心"。宁国府掌家奶奶、贾珍的夫人尤氏又犯了旧疾，胸口疼痛，不能料理事务。府中事务无人掌管，又"惟恐各诰命往来，亏了礼数，怕人笑话"，竟然成了一个混乱之局。这时候，贾宝玉向贾珍推荐自己的嫂子王熙凤，让她充任内总管，协助理丧。

王熙凤就此成为宁国府的临时代理CEO。

就是这次临危受命，就是这一临时职务，让王熙凤的管理才能发挥得淋漓尽致，也着实让我们看到了她卓越的的管理风范。

王熙凤有非凡的洞察能力。她甫一上任，略加思考和观察，便发现了宁国府在管理上的五大弊端：

"头一件是人口混杂，遗失东西；第二件，事无专执，临期推诿；第三件，需用过费，滥支冒领；第四件，任无大小，苦乐不均；第五件，家人豪纵，有脸者不服钤束，无脸者不能上进。此五件实是宁国府中风俗。"（第十三回"秦可卿死封龙禁尉，王熙凤协理宁国府"）

她目光如炬，一下子看出了宁府的问题所在，这对后来对症下药无疑大有裨益。

王熙凤有丰富的管理经验。你看她分派工作、听取汇报、批示请示，真是一个得心应手，干脆利落，绝不拖泥带水，就知道她在荣国府富有磨砺，确是一个管理老手了：

“吩咐按数发与茶叶，油烛，鸡毛掸子，笤帚等物。一面又搬取家伙：桌围，椅搭，坐褥，毡席，痰盒，脚踏之类。一面交发，一面提笔登记，某人管某处，某人领某物，开得十分清楚。”（第十四回“林如海捐馆扬州城，贾宝玉路谒北静王”）

王熙凤有科学的管理方法。你看她初次分派府中人等，什么人干什么事、干什么事负什么责、出什么错该怎么罚全都明明确确，没有一点含糊之处：

“这二十个分作两班，一班十个，每日在里头单管人客来往倒茶，别的事不用他们管；这二十个也分作两班，每日单管本家亲戚茶饭，别的事也不用他们管；这四十个人也分作两班，单在灵前上香添油，挂幔守灵，供饭供茶，随起举哀，别的事也不与他们相干；这四个人单在内茶房收管杯碟茶器，若少一件，便叫他四个描赔；这四个人单管酒饭器皿，少一件，也是他四个描赔；这八个单管监收祭礼；这八个单管各处灯油、蜡烛、纸札，我总支了来，交与你八个，然后按我的定数再往各处去分派；这三十个每日轮流各处上夜，照管门户、监察火烛、打扫地方；这下剩的按着房屋分开，某人守某处，某处所有桌椅古董起，至于痰盒掸帚、一草一苗，或丢或坏，就和守这处的人算帐描赔。”（第十四回“林如海捐馆扬州城，贾宝玉路谒北静王”）

王熙凤的管理风格堪称严格。她说到做到，绝不循情，不搞下不为例，一概依法处治。一个迎送亲客上人因为睡迷迟到，你看她登时放下脸来，喝命“带出去打二十板子”，同时“革他一月银米”。然后定下规矩：“明日再有误的，打四十，后日的六十，有要挨打的，只管误！”霹雳雷霆手段，震慑了众人，于是大家“不敢偷闲，自此兢兢业业，执事保全”。

王熙凤也有以身做则的精神。要求别人做到的，她自己先做到。她要求下人卯时到岗，她也是每日不到卯时就到了。那怕是再困再累，再有什么事纠缠，也是如此。而且每次来到宁府，“独在抱厦内起坐，不与众妯娌合群，便有堂客来往，也不迎会”，专心专意地做她的管理工作。

王熙凤协理宁国府，制定规则，按岗定编，强化监管，迅速改变了宁国府的混乱状况：

“某人管某处，某人领某物，开得十分清楚。众人领了去，也都有了投奔，不似先时只拣便宜的做，剩下的苦差没个招揽。各房中也不能趁乱失迷东西。便是人来客往，也都安静了，不比先前一个正摆茶，又去端饭，正陪举哀，又顾接客。如这些无头绪、荒乱、推托、偷闲、窃取等弊，次日一概都蠲了。”（第十四回“林如海捐馆扬州城，贾宝玉路谒北静王”）

然而，令人不解的是，同样是这个威权赫赫的王熙凤，后来在给贾母理丧时却出乎意料地陷入“权威性不足”的泥潭困境。

其实，原因并不复杂，因为她见识太小。

## 二、小见识与大局面

贾府的大局是什么？

世人看的都是，表面上，尽管百年贾府依然是威名赫赫，“宁荣两宅的人口也极多”，“厅殿楼阁，也还都峥嵘轩峻，就是后一带花园子里面树木山石，也还都有蓊蔚洇润之气”，不象个衰败之家。然而，冷子兴却以一个旁观者的冷静，在贾府赫赫扬扬的表象背后，看到了贾府骨子里的衰落：“如今的这宁荣两门，也都萧疏了，不比先时的光景。”究其原因，冷子兴进行了极为冷峻地分析：

“如今生齿日繁，事务日盛，主仆上下，安富尊荣者尽多，运筹谋画者无一，其日用排场费用，又不能将就省俭，如今外面的架子虽未甚倒，内囊却也尽上来了。这还是小事。更有一件大事：谁知这样钟鸣鼎食之家，翰墨诗书之族，如今的儿孙，竟一代不如一代了！”（第二回“贾夫人仙逝扬州城，冷子兴演说荣国府”）

对于这样的局面，贾府里的有识之士是忧虑重重的。比如秦可卿死

前，就曾托梦王熙凤，提出了“可保永全”的建议。

秦可卿开出的药方是：

“即如今日诸事都妥，只有两件未妥，若把此事如此一行，则后日可保永全了。”

“目今祖茔虽四时祭祀，只是无一定的钱粮，第二，家塾虽立，无一定的供给。依我想来，如今盛时固不缺祭祀供给，但将来败落之时，此二项有何出处？莫若依我定见，趁今日富贵，将祖茔附近多置田庄房舍地亩，以备祭祀供给之费皆出自此处，将家塾亦设于此。合同族中长幼，大家定了则例，日后按房掌管这一年的地亩，钱粮，祭祀，供给之事。如此周流，又无争竞，亦不有典卖诸弊。便是有了罪，凡物可入官，这祭祀产业连官也不入的。便败落下来，子孙回家读书务农，也有个退步，祭祀又可永继。若目今以为荣华不绝，不思后日，终非长策。……此时若不早为后虑，临期只恐后悔无益了。”（第十三回“秦可卿死封龙禁尉，王熙凤协理宁国府”）

其实这也完全是王熙凤的心头之病。她不是没有这样想过，以她的深思熟虑，岂能不知道“盛筵必散”的道理？她只是内心深处不敢面对而已：贾府“赫赫扬扬，已将百载，一日倘或乐极悲生，若应了那句‘树倒猢狲散的俗语，岂不虚称了一世的诗书旧族了！”

其实，如果王熙凤的内心深处敢于面对的话，那么，在这样的局面之下，王熙凤的使命是，尽力延缓贾府的衰落之势，等待贾宝玉长大成人，顺利交权，无论这个权是交给林黛玉还是薛宝钗（自己毕竟是个代理CEO）。在这个过程中，有三样重要工作要做好：

一是要管好人，尽可能理顺关系，特别是要理顺好家庭各主要成员之间的关系，家和万事兴么。

二是要管好钱，尽努力开源节流，为宝玉和未来的宝二奶奶当家奠定一个比较好的财政基础。

三是要留后路，尽心思未雨绸缪，以备万一之事。用秦可卿的话说，就是“于荣时筹画下将来衰时的世业”，这才是真正的“常保永全”。

遗憾的是，这三样重要工作，王熙凤一样没有做好。

之所以没有做好，首先是因为在荣国府里，她王熙凤仅仅是个代理CEO，而荣国府的董事会，却整个是一乱局。

## 三、董事会里的乱局

荣国府的董事会，有五大董事：贾母、贾政、王夫人、贾赦、邢夫人。

按说，这五大董事，是母子、夫妻、婆媳、兄弟、妯娌，论血缘论关系，他们也该是最亲近的人。是啊，在生活中，还有什么亲缘比得上这个呢？荣国府的这五个领家人、当家人，若是心往一处想，劲往一处使，岂不是皆大欢喜，那该有多好啊！

然而他们之间，却似乎中间总隔着那么一层膜。每一个读《红楼梦》的人，无不能体会到、体味到他们之间的距离感。

表面上看是一团和气，母慈儿顺，兄友弟恭，婆爱媳孝。其实，内心里却是各藏玄机，明争暗斗。

这让我们这些小家子出身的人，都觉得很奇怪。他们之间的母子亲情、夫妻恩情、兄弟友情，到底去了哪儿呢？

问题出在“利”！当“情”字遇到了“利”字，谁能始终坚持操守，一心只为“情”字？

一团和气之下往往隐藏着杀机，皆缘于一个“利”字。

我们这些小家子出身的人，祖上没有诱人爵位让你封袭，家中没有巨额财产等你继承，自然没有那么多想头。但荣国府就不同了，财产、祖业、官袭……样样都是勾人欲望的引线。

董事会里的乱局也因此而起。

在这董事会里，贾母是董事长。两个儿子，老大贾赦承袭了官位，是荣府名义上的带头大哥，却出府另居；老二贾政奉养母亲，却无爵位继承，但沾了女儿的光，当上了皇帝的丈人。贾母不仅与长子关系冷淡，与次子贾政，也因为贾政从小被祖母抚养而没有母子温情，对两位儿媳妇更是倍加警惕。她唯一相信的，是孙子贾宝玉。贾赦、贾政兄弟两人，面冷心冷，两位媳妇邢夫人和王夫人就更加邪乎，不仅暗斗，而且明争，并且争得一塌糊涂。

就说贾母和王夫人。

贾母是贾府的董事长，为了确保自己的权威，仿效婆婆当年，依样画葫芦，早早就把贾宝玉放到身边抚养，以对王夫人进行有效控制。然而她也有无奈，那就是虽然有权，但无法实际用权！譬如她一心想极力促成的贾宝玉和林黛玉的婚姻大事，就受制于王夫人，迟迟不能拍板。

王夫人虽然身子骨儿不太好，不能亲自掌家，大儿媳李纨是个寡妇，也不好出面当家，但她立即推荐娘家侄女兼侄媳妇王熙凤出任代理 CEO，协助她管理家务。

王夫人的厉害之处，从一个不大的人事变动就完全可以看得出来了。

第七十七回，王夫人果断出手，将贾母安插在宝玉身边监视一切的最贴心下属晴雯出面撵走，拔掉了自己眼中的一根钉。同时，将老太太亲自派到宝玉身边担任要职的袭人策反，并且立即公开了袭人和宝玉已经同居的关系：

王夫人便往贾母处来省晨，见贾母喜欢，便趁便回道："宝玉屋里有个晴雯，那个丫头也大了，而且一年之间，病不离身，我常见她比别人分外淘气，也懒，前日又病倒了十几天，叫大夫瞧，说是女儿痨，所以我就赶着叫她下去了……"贾母听了，点头道："这倒是正理，我也正想着如此呢。但晴雯那丫头我看她甚好，怎么就这样起来。我的意思这些丫头的模样爽利言谈针线多不及她，将来只她还可以给宝玉使唤得。谁知变了。"王夫人笑道："老太太挑中的人原不错。只怕她命里没造化，所以得了这个病。俗语又说，'女大十八变'。况且有本事的人，未免就有些调歪。……冷眼看去，她色色虽比人强，只是不大沉重。若说沉重知大礼，莫若袭人第一……品择了二年，一点不错了，我就悄悄的把他丫头的月分钱止住，我的月分银子里批出二两银子来给她。不过使她自己知道越发小心学好之意。"贾母听了，笑道："原来这样，如此更好了。袭人本来从小儿不言不语，我只说她是没嘴的葫芦。既是你深知，岂有大错误的。而且你这不明说与宝玉的主意更好。且大家别提这事，只是心里知道罢了。我深知宝玉将来也是个不听妻妾劝的。我也解不过来，也从未见过这样的孩子。"

（第七十八回"老学士闲征姽婳词，痴公子杜撰芙蓉诔"）

这一段，王夫人明确向贾母通报了两点：第一，我已经开除了晴雯；第二，我已经按照姨太太的标准来给袭人发放工资和福利了。

为了这件事，王夫人和贾母你来我往，唇枪舌剑，真真是刀光剑影。贾母虽然是心知肚明，但也只能是承认现实，“打脱牙和血吞”了。

苏岑女士就此评论道：

> 开除晴雯、升职袭人，是王夫人早就想好的一步棋，表面上看起来是王夫人对婆婆的恭顺和孝敬，重用贾母的党系员工，但实际上这一里一外，是贾母吃了两个大亏——一员忠将折损，一员重将投敌。王夫人这一招是一箭双雕。（《官场红学》第一章“家族战争，新旧两派的权力争斗”）

所以，在荣国府，贾母掌的是明权，王夫人掌的是暗权。

在这种情况之下，出任荣国府代理CEO的王熙凤，掌的只能是名不副实的“实权”。

既然没有真正的完整权力，那她这个代理CEO，就只能是拉大旗作虎皮，借风使舵，驾着荣国府这艘大船前行。

## 四、借风使舵

王熙凤借的是贾母的“大风”。

在王熙凤看来，在宁荣二府的富贵福地中，贾母雄踞于整个家族的塔尖，是至高无上的“太上皇”。

别说仆妇院工莫不敬仰，千姿百妍莫不献宠，就连荣宁两府的几位奶奶，包括自己的婆婆邢夫人，自己的姑妈王夫人，宁府的一女尤夫人，平素见了贾母，哪个不是“老祖宗长”、“老祖宗短”，赔笑点头，恭恭敬敬？就是两府的男性要角，身为国家重臣的贾政、贾赦、贾珍等人，哪一个不是一口一个“是是是”，一口一个“好好好”，唯恐稍慢一点被老太太骂为“不孝”？

王熙凤权衡再三，在与王夫人短期合作之后，立即攀上了贾母的肩膀。

标志性事件，就是她积极推动“木石前盟”，和贾母联手制造了“宝黛绯闻案”。

贾宝玉的婚事是荣国府的第一等大事。鄙人曾说过，从权术管理学看《红楼梦》，讲的其实就是贾宝玉究竟是娶林黛玉还是娶薛宝钗的问题。

从理论上看，贾宝玉的婚事有三种可能性：

第一是“金玉良缘”，贾宝玉娶薛宝钗。第二是“木石前盟”，贾宝玉娶林黛玉。第三种是“不管她根基富贵，只要模样配得上就好”（贾母语）。这种可能性只在理论上存在。

贾母想的是“木石前盟”。她一心一意推动贾宝玉娶林黛玉。一个是亲孙子，一个是亲外孙女，都是贾母的嫡派，他们结合，老太太最放心。

王夫人想的是“金玉良缘”。因为如果娶了林黛玉做儿媳，那日后婆媳之间必定是现在贾母王夫人争斗的“下一代版”。但如果娶了薛宝钗，婆媳俩一条心，必定能够和乐相处！

王熙凤想的却是“日后之局”。宝玉一天天长大，宝二奶奶执掌荣国府是迟早的事，但谁是宝二奶奶才是王熙凤所关心的。在位时的贪昧和命案，是她心中的痛。自己的继任者如果是薛宝钗，凤姐退休后的生活恐怕清闲不了。因为宝钗是王夫人的嫡亲嫡系，即便自己帮她入局，她也不会感念援手之情，她只会感谢王夫人。如果日后王夫人、薛宝钗想下手清算，那自己就是活靶子。但继任者如果是林黛玉，结局可就大不同了。林黛玉相对弱势，自己帮她入局，她只会感念好处，绝不会恩将仇报。另外，林黛玉是贾母嫡亲，出于对抗王夫人的需要，也不会下手整凤姐。

这个时候，贾母正有一个解不开的结：宝黛两人都是贾母的嫡派，贾母倒不能亲自提议，以免会引来非议。

王熙凤拿定主意，她要帮贾母一把，以表明自己的立场。

虽然她不是董事会成员，不能够独立提案，但她却以自己的身份职务，变相提案了——制造舆论！

凤姐（对黛玉）道：“前儿我打发了丫头送了两瓶茶叶去，你往那去了？”林黛玉笑道：“哦，可是倒忘了，多谢多谢。”……凤姐笑道：“倒求你，你倒说这些闲话，吃茶吃水的。你既吃了我们家的茶，怎么还不给我们家作媳妇？”众人听了一齐都笑起来。林黛玉红了脸，……凤姐笑道：

“你别作梦！你给我们家作了媳妇，少什么？”指宝玉道：“你瞧瞧，人物儿，门第配不上，根基配不上，家私配不上？那一点还玷辱了谁呢？”（第二十五回“魇魔法姊弟逢五鬼，红楼梦通灵遇双真”）

因为张道士提亲的事，宝玉、黛玉吵了架，凤姐去劝架，把这两个人拉到贾母、王夫人跟前：

“我说他们俩吵吵闹闹的事儿不用别人费心劝架，他们自己就会好的。老祖宗你偏不信，一定要我去说和。结果呢，我一到了那里，人家两个人凑在一起赔不是，有说有笑地拉着手聊知心话，倒像是‘黄鹰抓住了鹞子的脚’，两个人扣了环了，哪用得着我去多嘴说和？”（第三十回“宝钗借扇机带双敲，龄官划蔷痴及局外”）

王熙凤这样说的目的，就是尽心尽力地在把宝玉、黛玉往一块儿凑，明里暗里地说宝玉、黛玉是一对儿。

至于说二人“有说有笑地拉着手聊知心话”，论者无不以为这是一句极其暧昧的话：一对青春期的俊男美女，一对可以谈婚论嫁的表兄妹，手拉手诉衷肠，谁会觉得这是纯粹的“亲情和友谊”呢！

这就是“宝黛绯闻案”。

这一招，王熙凤颇以为得计：既顺从了贾母，又找到了靠山，既堵住了宝钗，又结恩于黛玉，薛姨妈母女哑巴吃黄连，就是自己的姑妈王夫人，虽有一肚子的不满，也无法说出口。

遗憾的是，王熙凤自以为是孔明，王夫人却不是阿斗。

## 五、王夫人的手段

王夫人其实是荣国府的第一等厉害角色。

她的老公贾政是一家人的顶梁柱，女儿贾元春入选凤藻宫，加封贤德妃，是整个家族的政治支柱，她本人是当家大奶奶，娘家亲戚更有背景。

她工于心计，深沉内敛。你看她不露声色，就使“木石前盟”化作恨水向东流，就知道她的功夫深浅了。

其实，把王熙凤调来代理家政，王夫人是有顾虑的。

她顾虑的不是王熙凤的能力，而是她的忠诚。

不错，王熙凤是亲戚，娘家侄女，哥哥的女儿，从血缘上算起来，和她是很亲的。但这是娘家的关系，从夫家的关系来说，她永远是邢夫人的媳妇，这一点永远没有可能改变。而且，万一她借机上位，攀上了老太太，问题就更为严重。

虽然有怀疑，但王夫人自信，对于王熙凤，她还是有办法的。

她的控制之法，就是未来的宝二奶奶。

这是一张退可守、进可攻的大牌。

一是控制。王熙凤做到 CEO 的位置，完全是她这个姑妈推荐的。她能把王熙凤拉起来，也就能把王熙凤踢出去。只要表现出对她的一点点不忠诚，她立刻就能换掉王熙凤。

二是竞争。未来的宝二奶奶，是王熙凤的继任者，而且是一个王熙凤无法阻止的铁定继任者。这个王熙凤无法阻止的铁定继任者，自然也就成为了她的一个虚幻的竞争对手。只要继任的宝二奶奶一到位，甚至不到位，只要划定了宝二奶奶的人选，就能拿来做比较，王熙凤也就有了随时就被拉下马来的可能。

三是清算。未来的宝二奶奶不论是谁，都是她的儿媳妇。王熙凤如果胆敢背叛，只要贾母归天，她就能合母子之力，对王熙凤进行清算。这也是一种威慑。

王夫人希望，王熙凤也能看懂这三步，和自己共同进退。

然而，王夫人失望了。

她本想把这位娘家侄女培养成为一支生力军，成为自己对抗婆婆贾母和大嫂邢夫人的正能量，没有想到王熙凤上任之后，不仅把自己甩到了一边，反而成了贾母跟前的大红人，甚至成了贾母用来牵制自己的一枚重要棋子。

“宝黛绯闻案”，让她对自己的这位娘家侄女的失望，达到了极点。

当然，从大局上说，还是“金玉良缘”笑到了最后。

实际上，但以个人较量，不惟林黛玉，就是王熙凤，也不是薛宝钗的对手。

贾探春搞改革，把大观园分包给园中的老妈妈们。薛宝钗共襄盛举，

提出要强化治安管理作为配套措施。且看薛宝钗对下人的一翻训诫：

“你们只要日夜辛苦些，别躲懒纵放人吃酒赌钱就是了。不然，我也不该管这事，你们一般听见，姨娘亲口嘱托我三五回，说大奶奶如今又不得闲儿，别的姑娘又小，托我照看照看。我若不依，分明是叫姨娘操心。你们奶奶又多病多痛，家务也忙。我原是个闲人，便是个街坊邻居，也要帮着些，何况是亲姨娘托我。我免不得去小就大，讲不起众人嫌我。倘或我只顾了小分沽名钓誉，那时酒醉赌博生出事来，我怎么见姨娘？你们那时后悔也迟了，就连你们素日的老脸也都丢了。……你们去细想想这话。”（第五十六回“敏探春兴利除宿弊，时宝钗小惠全大体”）

从宝钗的话里可以听出，王夫人已经不动声色，以王熙凤“多病多痛，家务也忙”为由，将王熙凤的理家之权逐步剥夺，转交到了宝钗手里。

薛宝钗这一席话，也已初露宝二奶奶的峥嵘。

问题在于，王熙凤面对的，可不只是薛宝钗这么一个潜在对手。她没有认识到，一座大观园里，就是一个江湖。在这个江湖里，其实是高手如林。而这些高手，在王熙凤眼里，却多是不上道的庸才。

王熙凤其实是看走了眼。且不说王夫人、薛姨妈这些老一辈高手如何老谋深算，也不说薛宝钗、林黛玉、贾探春这些两府新秀如何不好招惹，就是平辈妯娌中也是不乏大家的。

就说尤氏。

## 六、这个女人不寻常

尤氏，就是“东府的珍大奶奶”，宁国府的当家婆。

表面上看，尤氏与王熙凤对掌东西两府，地位相当，实则是处处不如王熙凤。

与王熙凤的显赫家族背景不同，她出身寒微，母亲尤老娘是后母，两个妹妹尤二姐、尤三姐也都是异父异母。在夫家，她不是贾珍原配而是继室，儿子贾蓉也非她亲生。更为严重的是，她自己也嗣下无人。

在荣府，王熙凤极得贾母宠爱，而在宁府，公爹贾敬一心好道、不务家业，丈夫贾珍、继子贾蓉都是色中饿鬼。贾珍“爬灰”，她不仅要装作不知，还要表现出对儿媳的关心。她尊上敬长而不得宠，携幼助弱而不得尊，善待奴仆而不得敬，任劳任怨而不得怜，甚至常遭到排挤和欺辱。连曹雪芹老夫子给她的定位都是“尴尬人”。

她心中有多少委屈、多少不平、多少怨恨，又能向谁诉说？

这样的人，王熙凤当然看不上眼。

贾琏偷娶尤二姐被抓现行，王熙凤闹到宁国府去找尤氏算账，上来就是一番辱骂：

“你发昏了？你的嘴里难道有茄子塞着？不然他们给你嚼子衔上了？为什么你不告诉我去？你若告诉了我，这会子平安不了？怎得经官动府，闹到这步田地，你这会子还怨他们。自古说：妻贤夫祸少，表壮不如里壮。你但凡是个好的，他们怎得闹出这些事来！你又没才干，又没口齿，锯了嘴子的葫芦，就只会一味瞎小心图贤良的名儿。总是他们也不怕你，也不听你。”说着啐了几口。（第六十八回“苦尤娘赚入大观园，酸凤姐大闹宁国府”）

王熙凤这一番搅闹，不仅让尤氏大失脸面，她的那一句“你又没才干，又没口齿，锯了嘴子的葫芦，就只会一味瞎小心图贤良的名儿”，在很多人眼里，可算是彻底给尤氏定了性。

然而，这一切都只是表象。

赫赫贾府，若论远见卓识，首推秦可卿。若论世事洞明，则首推尤氏。

她看似平庸无能，其实站得很高，看得更远。

这个女人不寻常。

秦可卿之死，她为保全贾府大局和脸面，“胳膊折在袖子里”，只能是旧疾复发，以这种方式无声的表示对贾珍与秦氏的不满。

王熙凤熏灼之机，洋洋自得，尤氏提醒她：“我劝你收着些好，太满了就泼出来了。”（第四十三回“闲取乐偶攒金庆寿，不了情暂撮土为香”）

一个能看出“盛极必败”之势的人，一个能说出“水满则溢”之语的

人，岂是寻常人物?

相比之下，王熙凤在江南甄家、史家被抄时，还在疯狂的收藏赃物。这两个人根本不在同一个重量级上。

贾琏偷娶尤二姐，王熙凤骂上门来，她怎样应付?

一是推责任。她哭道："何曾不是这样。你不信问问跟的人，我何曾不劝的，也得他们听！叫我怎么样呢。"他们干的事，我劝了，大家都知道的，可是劝不住，我又有什么办法啊。

二是耍强横。"怨不得妹妹生气，我只好听着罢了。"死猪不怕开水烫，你老爱怎么折腾就怎么折腾吧。

三是陪笑脸。待王熙凤稍一消停，她和贾蓉一齐恭维："到底是婶娘宽宏大量，足智多谋！等事办妥了，少不得我们娘儿们过去拜谢。"然后，叫丫头们舀水、取妆奁，伏侍凤姐儿梳洗了，赶忙又命预备晚饭，亲自递酒布菜。然后，没有然后了。"凤姐也不多坐，执意就走了"。

谁能想得到，满天乌云风吹散，"酸凤姐大闹宁国府"，竟然在吃吃喝喝中收场了，而且是凤姐自己执意主动走的，拉都拉不住。

## 七、另一路的高手

其实，尤氏这个女人，不仅不寻常，她还是另一路的高手。

我们读《红楼梦》，多以为尤氏懦弱。其实，在"个个像乌眼鸡似的，恨不得你吃了我，我吃了你"的贾府中，她的这种懦弱，不过是要顾全大体和保全自己而已。而且，她也当得上才能拔萃，精明不俗。王熙凤协理宁国府，主持秦可卿丧礼，表现得极为抢眼，可是你看尤氏"独艳理亲丧"，一样将事情办得很得体。

贾敬因吃丹砂而死，府里下人慌慌张张跑来禀报凶信：

尤氏一闻此言，又见贾珍父子并贾琏等皆不在家，一时竟没个着己的男子来，未免忙了。只得忙卸了妆饰，命人先到玄真观将所有的道士都锁了起来，等大爷来家审问。一面忙忙坐车带了赖升一干家人媳妇出城。又请太医看视到底系何病。……众道士慌的回说……尤氏也不听，只命锁着，等贾珍来发放，且命人去飞马报信。一面看视这里窄狭，不能停放，

横竖也不能进城的，忙装裹好了，用软轿抬至铁槛寺来停放，掐指算来，至早也得半月的工夫，贾珍方能来到。目今天气炎热，实不得相待，遂自行主持，命天文生择了日期入殓……三日后便开丧破孝，一面且做起道场来等贾珍。（第六十三回“寿怡红群芳开夜宴，死金丹独艳理亲丧”）

尤氏的第一反应就是“命人先到玄真观将所有的道士锁了起来，等大爷来家审问”，这是控制现场和相关人员。自己赶往现场的路上“请太医看视到底系何病”，这是要查询死因。来到观里，不听众道士解释，“只命锁着”，这是其立场强硬。“命人去飞马报信”，这是及时给贾珍通报情况。然后综合考虑地方狭窄、贾珍回来时间长、天气炎热等多种因素，她又命人妥善安置了尸身，自行主持了入殓，三天后便开丧破孝，做起了道场来。

尤氏的遇事不乱方寸，办事周全妥善，在这里表现得淋漓尽致。

尤其难得的是，她处事刚柔相济，该强硬的时候，也是非常强硬的。即便是对王熙凤这样的泼辣货，她也不遑多让。

一天晚上，尤氏到大观园，发现门没有关，灯没有灭，值班的跑的没见一个人影。尤氏遂派小丫头去叫该班的女人传人吹灯关门。不想两个管事的婆子喝了酒，只顾分菜果，不予理睬，言语之间对尤氏也颇为不敬。小丫头急忙回禀：

尤氏听了，半晌冷笑道：“这是两个什么人？”两个姑子并宝琴湘云等听了，生怕尤氏生气，忙劝说……袭人也忙笑拉出他去，说：“好妹子，你且出去歇歇，我打发人叫他们去。”尤氏道：“你不要叫人，你去就叫这两个婆子来，到那边把他们家的凤姐叫来。”（第七十一回“嫌隙人有心生嫌隙，鸳鸯女无意遇鸳鸯”）

“冷笑”，“叫凤姐”，何其威严！结果，两个婆子被捆了起来，“交到马圈里，派人看守”，等候发落。

还有一件让她展露峥嵘的事，就是她主持王熙凤的生日宴会。

凤姐过生日，贾母老太君出了个新主意：全家一起凑份子给王熙凤过生日，并借调尤氏过府主持。

凤姐自然是觉得风光无限，可是她却没有想过：家中长辈，为了给一个小辈过生日，大加破费，心里会舒服吗！何况她还话语之间挟枪夹棒，逼着婆婆邢夫人、姑妈王夫人、薛姨妈分别承担了迎春、探春、宝钗三位姑娘的份子钱。

她张扬跋扈，不忌讳伤及三位长辈加上周赵两位姨娘的面子和利益，目的只有一点，那就是讨贾母的欢心。

但尤氏就不同了。第二天，她来到荣府取份子钱，当面清点，却连退了平儿（凤姐得力助手）、鸳鸯（贾母贴身秘书）、彩云（王夫人贴身秘书）、周赵二人（两位姨娘）共五人的份子钱：

> 说着，把平儿的一分拿了出来，说道："平儿，来！把你的收起去，等不够了，我替你添上。"平儿会意……一面说着，一面又往贾母处来。先请了安，大概说了两句话，便走到鸳鸯房中和鸳鸯商议……尤氏临走时，也把鸳鸯二两银子还她，说："这还使不了呢。"说着，一径出来，又至王夫人跟前说了一回话。因王夫人进了佛堂，把彩云一分也还了她。见凤姐不在跟前，一时把周、赵二人的也还了。她两个还不敢收，尤氏道："你们可怜见的，那里有这些闲钱？凤丫头便知道了，有我应着呢。"二人听说，千恩万谢的方收了。于是尤氏一径出来，坐车回家，不在话下。（第四十三回"闲取乐偶攒金庆寿，不了情暂撮土为香"）

不用解说，王熙凤和尤氏孰高孰低，一目了然。

大观园里，高手如林。不同的是，其他高手都躲在幕后，王熙凤却站到了前台。

站到前台，倒也说不上有多么错误，而王熙凤的最终失势，却首先缘于她的致命硬伤。

## 八、致命的硬伤

王熙凤的致命硬伤是"贪"。

凤姐贪财，这不是新鲜观点了。在贪财方面，王熙凤胆子可大了去，居然连老祖宗、王夫人她们的月钱也敢拿去做风险投资，放高利贷。

其实，若以境界而论，“贪”之一字，也是分等级的。

“贪”的最低境界是贪财。贪财者也未见得都是心地卑鄙之辈，也不是不能成事。公认的好官林则徐，照样遵循潜规则收礼。历史上还有贪官成为贤相的，如管仲、张居正等。

贪功的是普遍境界。古代许多大将争着上阵，舍死冲锋，贪的就是功，这个境界也不能算低。

贪名的是较高境界。西晋初年羊祜镇守襄阳，喜欢将自己的事迹刻写在石碑上，作为让后人凭吊的准备。魏征每次犯上直谏，也都要留好底稿。至于大名鼎鼎的海瑞不要钱不要命，又何尝不是贪名？

王熙凤可谓是“三贪俱全”。

王熙凤愿意为宁国府理丧，为的就是贪功。书里头写得明白：“那凤姐素日最喜揽事办，好卖弄才干，今见贾珍如此央她，心中早已允了”。

治丧毕竟是个正经事，想借这个显示才华能力，也是个正经念头。

正经念头办正经事，这个没错。错就错在她喜欢揽事办。

王熙凤去铁槛寺，就包揽一起悔婚的官司。悔婚不仅输理，也是违法的，王熙凤却偏要为悔婚的一方强出头。案件事出张大财主，涉及长安府太爷，原任长安守备，都是高官，风险极大。王熙凤却还是揽下了：

凤姐听了笑道：“这事倒不大，只是太太再不管这样的事。”老尼道：“太太不管，奶奶也可以主张了。”凤姐听说笑道：“我也不等银子使，也不做这样的事。”净虚听了，打去妄想，半晌叹道：“虽如此说，张家已知我来求府里，如今不管这事，张家不知道没工夫管这事，不希罕他的谢礼，倒象府里连这点子手段也没有的一般。”

凤姐听了这话，便发了兴头，说道：“你是素日知道我的，从来不信什么是阴司地狱报应的，凭是什么事，我说要行就行。你叫他拿三千银子来，我就替他出这口气。”（第十五回“王凤姐弄权铁槛寺，秦鲸卿得趣馒头庵”）

这个时候，王熙凤贪的不仅仅是那三千两银子的“财”，更是追求一种运用权势的成就感，也就是“名”和“功”。

然而，仅仅是为了“钱财”之物，仅仅是为了三千两银子，她也是不

惜草菅人命，间接逼死了张金哥和守备公子。

当初，为了一次过生日，她不计手段搜括两位姨娘，就连尤氏都看不过去，非常不满：

“我把你这没足厌的小蹄子！这么些婆婆婶子来凑银子给你过生日，你还不足，又拉上两个苦瓠子作什么?”凤姐也悄笑道：“你少胡说，一会子离了这里，我才和你算账。他们两个为什么苦呢？有了钱也是白填送别人，不如拘来咱们乐。”（第四十三回“闲取乐偶攒金庆寿，不了情暂撮土为香”）

搜括“苦瓠子”，却安之若素，这只能说是已经丧心病狂了。

凤姐贪财，嗜财如命，她所有的弱点大多集中在一个“钱”字上，日后整垮她的，也正是“钱”这个字。贪财，不节制地贪财，是最终导致凤姐彻底垮台的最直接原因。

凤姐为了钱什么事都干得出来，为了维护自己的地位，不惜借刀逼死了尤二姐。她视人命为草芥，一切的一切，都是为了巩固自己的权力以及通过权力来谋利。（苏岑《官场红学》第四章“王熙凤的权力败因”）

其实这一切，都缘于她的认识方法。

然而，丧心病狂的人，终究是没有好下场的。所以，她的下场是：提前谢幕！

## 九、谢幕

CEO是一个业，业有德。

身在职场，要有职业道德。一个老师要有教德，一个司机要有驾德，一个大夫要有医德，一个官员要有政德，一个CEO也要有管理之德。王熙凤不是才德兼备的人，她才有余，但德不足。

大观园是一个场，场有规。

场有场规，但她的心里眼里，只有自己，没有别人。她太爱弄权，太

爱显摆，太爱风头，太爱钱财。作为 CEO，她忘了，她有分配资源的资格，她是公众人物，她处在明处，许多人却在暗处窥视着她。

百年贾府是一个局，局有势。

人生在世，既要想得通、看得开，又要拿得起、放得下。但是她，只有小见识，没有大局面；只有小眼下，没有大长远；只有小精明，没有大算盘。

王熙凤的戏，是以悲剧收场的。

她在欢呼中登场，在凄凉中谢幕，犹如一场烟花。

机关算尽太聪明，反算了卿卿性命！
生前心已碎，死后性空灵。
家富人宁，终有个，家亡人散各奔腾。
枉费了意悬悬半世心，好一似荡悠悠三更梦。
忽喇喇似大厦倾，昏惨惨似灯将尽。
呀！一场欢喜忽悲辛。叹人世，终难定！
——金陵十二曲之“聪明累”

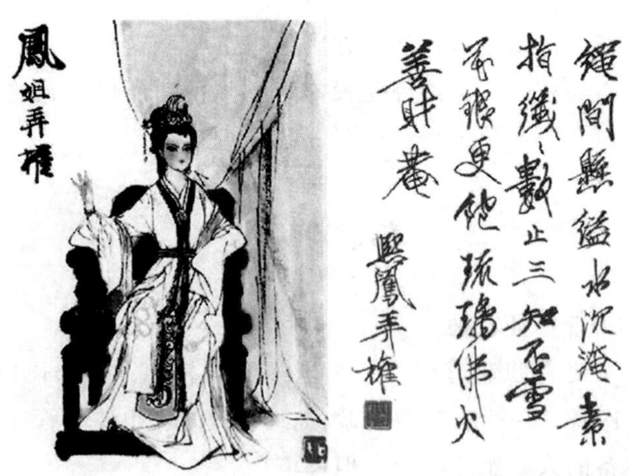

# 第十八章 水泊梁山的二把手

核心提示：

在水泊梁山的三代天王之中，第三任天王宋江无疑是最英明的领导人。

在梁山，论武、论谋、论勇，宋江既不出乎其类，又不拔乎其萃，但他凭着心机、热情和独到的用人技巧，理顺了梁山错综复杂的人事关系，吞并了周遭大大小小的山头，整合了来自不同山头的众多派系，开创了水泊梁山的辉煌。

应该说，宋江在把握梁山发展道路的问题上，做的很好；但宋江在把握自身前进方向的问题上，做的很差，特别是在他担任梁山二把手的那个时期。

宋江的问题，既不出在责任心，也不出在胜任力，而是出在信任度。

水浒的世界就是我们的职场丛林。

一部《水浒传》，其实就是一部组织发展壮大的历史。

在三代天王的领导之下，梁山最终成就了一番大事。

在三代天王之中，第三任天王宋江无疑是最英明的领导人。

在梁山，宋江既不出乎其类，又不拔乎其萃，既不是武艺最好的，也不是文才最好的。论武，他不及卢俊义、林冲；论谋，他不过公孙胜、吴用；论勇，他不如鲁智深、武松。然而，他却凭着心机权术、慷慨热情和独到的用人技巧，凭着前两任天王远不能望及项背的知人知性、远虑近忧，获得了一众梁山好汉的认可。在他的任期内，他理顺了梁山错综复杂的人事关系，吞并了周遭大大小小的山头，整合了来自不同山头的众多派系，成功统领住一干人马，彻底解决了困扰梁山多年的“如何强”的问题，开创了水泊梁山的辉煌。

应该说，宋江在把握梁山发展道路的问题上，做得很好。

但是，宋江在把握自身前进方向的问题上，做得很差。

做得差，就是有问题。

当然，宋江的问题，既不出在责任心，也不出在胜任力，而是出在信任度。

宋江的问题，集中表现在他担任梁山二把手的那个时期。那个时期，梁山的带头大哥是第二代天王晁盖。

## 一、梁山的困局

宋江的胜任力是没有问题的。

从血染江州、智取无为军正式加入梁山开始，到晁天王中箭、“权居主位，坐了第一把椅子”，再到攻灭曾头市、英雄排座次，无论是做二把手、代理天王还是名正言顺的梁山都头领，宋江都展示了他的胜任力。而且，他的胜任力在梁山是毋庸置疑的。

在宋江加入之前，梁山在晁盖的领导之下，已经是规模空前，声势浩大。但从外部生存环境看，梁山屡遭朝廷围追堵截，实际上处境非常险恶。从梁山自身看，更重要的问题还在于：

第一，山寨穷。

梁山一直都是个穷山寨。还在第一任天王王伦不肯收留林冲时，便曾说过“小寨粮食缺少，屋宇不整，人力寡薄”，这固然是担心林冲篡权夺位，但所说的山寨穷乏，恐怕也是实情。不让，为何只“叫小喽罗把一个盘子托出五十两白银，两匹丝来”?（第十回“朱贵水亭施号箭，林冲雪夜上梁山”）后来打发晁盖一行，也仅仅是“一人捧着大盘子里放着五锭大银”?

晁盖成为梁山新的天王后，虽然“教取出打劫得的生辰纲——金珠宝贝——并自家庄上过活的金银财帛，就当厅赏赐众小头目并众多小喽罗”，但吃饭仍然是个大问题。击败前来征讨的济州府团练使黄安后，听说有十几个客商路过山下，晁盖道：“正没金帛使用，谁领人去走一遭?”马上安排阮氏兄弟下山去劫财。得手后，整个山寨对这次劫来的“二十余辆车子

金银财帛，并四五十匹驴骡头口”极为看重，称为一场“大喜事”（第十九回“梁山泊义士尊晁盖，郓城县月夜走刘唐”），可见一斑。

穷，就顾不了面子，这就带来了另外一个问题：形象差。

第二，形象差。

早期的水泊梁山，其实就是一伙强盗劫匪。王伦时期，打家劫舍是家常便饭。而且“但凡好汉们入伙，须要纳投名状”。意思是教你下山去杀得一个人，将头献纳。晁盖执掌梁山后，打劫过往客商仍然是主业，而且仍然杀人。只是在一次打劫过往客商时，因客商为保性命弃财货逃走后，晁盖才下令：“我等自今以后，不可伤害于人。”

到了第七十一回“忠义堂石碣受天文，梁山泊英雄排座次”，书中还回顾说：“原来泊子里好汉，但闲便下山，或带人马，或只是数个头领各自取路去。途次中若是客商车辆人马，任从经过；若是上任官员，箱里搜出金银来时，全家不留。所得之物，解送山寨，纳库公用，其余些小，就便分了。折莫便是百十里，三二百里，若有钱粮广积害民的大户，便引人去公然搬取上山，谁敢阻当。但打听得有那欺压良善暴富小人，积攒得些家私，不论远近，令人便去尽数收拾上山”。

第三，不成组织体系。

王伦时期的水泊梁山，只是“三个好汉”驻扎山上，外加一个朱贵以“开酒店为名，专一探听往来客商经过，但有财帛者，便去山寨里报知”（第十回“朱贵水亭施号箭，林冲雪夜上梁山”）。

晁盖成为梁山新的天王后，才有了点意思。先是领导层开始分工，晁盖“做山寨之主，吴学究做军师，公孙先生同掌军权，林教头等共管山寨”。再是“整点仓廒，修理寨栅，打造军器——枪刀弓箭，衣甲头盔——准备迎敌官军；安排大小船支，教演人兵水手上船厮杀，好做提备”（第十九回“梁山泊义士尊晁盖，郓城县月夜走刘唐”），但也仅此而已。至于建立军种类别，引进专门人才，完善组织体系等，根本还没有一撇的意思。

第四，没有奋斗目标。

作为一伙强盗劫匪，早期的水泊梁山是没有什么奋斗目标的。王伦时期，只是“聚集着七八百小喽罗打家劫舍”，吃酒快活。晁盖时期，队伍迅速扩大，人员结构复杂，从构成看，有投降的军队高官，如知寨花荣、

统领秦明；也有归顺的草寇强盗，如十字坡的张青夫妇；也有地主豪富，如穆家庄的穆氏兄弟；有乡野粗人，如三阮、刘唐之辈；也有泼皮无赖，如白胜之流。而且先后经历王伦、晁盖等不同领导，各成体系，资历新老不齐、本领强弱不同、心态各怀不一。一句话，一众强盗对于明天和未来没有任何理想，当然，也没有任何指望。

然而，这一切，随着宋江的上山，都发生了巨大的改变。

## 二、副天王改造黑社会的“三板斧”

宋江上山之后，以其一贯拥有的“及时雨”的良好口碑形象，以及当年“担着血海般的干系”为晁盖等人通风报信的“大义”，建立了较高的威望，顺理成章地出任梁山的副天王。一上任，宋江便接连做了几件大事。

第一件大事，三打祝家庄。

宋江抓住祝家庄拘押时迁一事，扩大矛盾，激化事端，消灭了祝家庄。请看战果：

祝家庄：“把多余粮米，尽数装载上车；金银财赋，犒赏三军众将；其余牛羊骡马等物，将去山中支用。打破祝家庄，得粮五十万石。”

扈家庄：“牵了有的马匹，把庄里一应有的财赋，捎搭有四五十驮，将庄院门一把火烧了。”

李家庄：“抄扎家私”，“一应箱笼、牛羊、马匹、驴骡等项，都拿了去。”。

通过这件事，初步改善了梁山的钱粮问题。到后来，攻下高唐州，“把府库财帛，仓廒粮米，并高廉所有家私，尽数装载上山”，才算彻底解决了梁山的财政困难问题。也就是说，原本梁山的主要经济来源是靠劫掠，现在随着组织规模的扩大，劫掠的手段和对象大为提高。而由财政困难引起的形象问题，也因此一并得以解决。到进攻青州时，梁山大军已经是“所过州县，秋毫无犯”，“分毫不扰，乡村百姓，扶老挈幼，烧香罗拜迎接”，全面树立了梁山在江湖上的正面形象。

这种形象上的改变，体现了一个重大变化，即梁山已经脱胎换骨，成为一个具有政府职能、类似地方政权的组织了。甚至可以说，已经初步完成了从匪到官的转变。

第二件大事，三山大聚义。

宋江有随时网罗人才的强烈意识，在这种意识的驱使下，他高度关注各类人才，“求贤纳贤”之名广布于天下。宋江的这种做法，感招了众多的山头，包括白虎山、二龙山、桃花山。尤其是二龙山的归附，使得鲁智深、杨志、武松等一批重量级人物加入了梁山的队伍。宋江上山之前，梁山头领不过9位，宋江上山之时，便立即增加到40位。到了宋江代理一把手的时候，队伍已经扩大到88位。在这个过程中，呼延灼等一大批朝廷的高级军官加入梁山，极大地提高了梁山的军事素养，也明显改善了梁山的队伍结构。由于各类人才的不断加入，梁山的规模不仅快速壮大，而且也初步成了体系，“山寨体统，甚是齐整”。从决策到执行，从一线到后勤，从马军到水军，都有精干人才、出色人物，阵容也空前强大。高太尉大兴三路兵仍然不能取胜，说明梁山的实力能够挑战大宋朝的正规部队了。

但看三打祝家庄后，宋江对梁山的山寨职事安排，一切就都明白了（第五十回“插翅虎枷打白秀英，美髯公误失小衙内”）。

第三件大事，攻陷高唐州。

以营救小旋风柴进为由，水泊梁山第一次成功进行了城市攻坚战。随后，打青州，破华州，进一步积累了城市作战经验。更为重要的是，这给人的感觉，水泊梁山已经不再局限于打家劫舍的小打小闹了，也不仅仅是“大块分金银，大碗喝酒，大块吃肉”的享乐主义了，他们有了更为远大的目标。

宋江出手不凡，用实力证明了自己是一个称职的二把手，也为自己后来坐上头把交椅奠定了价值基础，让人不得不服。

实事求是地说，宋江对梁山的这一系列改造，不仅仅在于他的胜任力，更在于他的责任心。

## 三、宋江的理想

多年以前，鄙人不到30岁的时候，在一个偏远的小镇上教书，因观看

央视版《水浒传》有感，曾著有《悲剧的历史和历史的悲剧——关于两个宋江的若干思考》一文，也曾在一个不大的地域引起过小小的轰动。其中有这样几段：

在《水浒传》中，施耐庵先生给宋江设计的是一个“忠义双全”的形象。

然而，忠者，事上之盛节也；义者，使下之大经也。尽管封建时代的“忠”和“义”具有鲜明的阶级性和狭隘性，然而，无论是从历史唯物主义观点看，还是从封建道德伦理观念说，甚至从《水浒传》自身的逻辑讲，干着离经叛道事业的宋江，都是和“忠义”无缘的。所谓的“忠义双全”，只能是对《水浒传》这样晃晃一部大书的贬损。

如果说以“事上”为忠，那么宋江不忠：身为县衙押司，政府官员，却目无法纪，知法犯法，私放劫匪，交结强贼，掩护犯罪，杀人灭口，浔阳楼公然题反诗，无为军纵兵劫府库——他忠在哪里？

如果说以“使下”为义，那么宋江不义：清风寨骗降秦明，江州城连累戴宗，联吴用架空晁盖，斩何成以顺奸妄，违晁天王遗志，导众英雄歧途，陷害卢俊义，毒死黑旋风——他义在何处？

《水浒传》的后半部，在一种凄凉悲愤的气氛笼罩下，忠实地再现了现实生活的这种悲剧。坚定的革命领袖晁盖一死，一再声称“权借水泊暂时避难”的宋江，就迫不及待地把“聚义厅”改为“忠义堂”，迈开了他把招安思想付诸实践的第一步。“只反贪官，不反皇帝”本来已是梁山义军的固有缺陷，而宋江为了求得招安，干脆连贪官也不反了——你看他跪拜在高俅脚下是多么虔诚——于是，梁山泊花团锦簇的革命事业被断送，反抗者全伙投入压迫者的怀抱，并且为虎作伥，成了镇压方腊起义的操刀刽子手！

我国封建社会历史上的许多次农民起义都是因为没有新的阶级力量和先进的政党领导而宣告失败的。这个失败的过程有时就表现为：领袖动摇，受朝廷利诱而投降，再被利用与其他起义军相互残杀。鲁迅先生论及此时曾一针见血地指出：“一部《水浒》，说得很分明：因为不反对天子，所以大军一到，便受招安，替国家打别的强盗——不‘替天行道’的强盗去了，终于是奴才。”

奇怪的是，对这场招安悲剧的始作俑者宋江，施耐庵先生始终抱以赞扬的态度，即使是在描写招安后的悲惨结局时，仍然浓墨重彩地寄予深切的同情。这不能不令人深思：除了时代和阶级的局限之外，也许先生刻意要让后人从他的“满纸荒唐言”中读出“一把辛酸泪”来。而他对宋江的“深爱”，或许同金圣叹对宋江的“极恶”一样，另有某种更深层次的寄托？

在已过不惑之年的今天，重读《水浒传》，忽然有了一些新的想法。

在鄙人看来，宋江一定是个有理想的人。

因为理想，宋江才会甫（fǔ）一加入梁山即对这个黑社会组织进行改造。

刘亚洲先生对此评论道：“这是一次系列的工程改造，从某种意义上说，正是这次陆续的调整与改造，梁山才真正在江湖上站稳脚跟并成为不折不扣的老大，成了反朝庭的旗帜。”（刘亚洲《水浒潜规则》第三章“小权位，大权谋”）

但鄙人觉得，宋江的理想肯定远不止此。

## 四、我往哪里去，我往哪里走

问题很明显，也很简单，在宋江的一系列努力之下，晁天王执政后期的梁山泊，事业发展突飞猛进，实力快速壮大，不仅全面提升了基础管理，基本完成了原始积累，整体规模也日益壮大，组织机构也日趋完备，需求层次更是日渐提高。一个大问题也随即摆在所有梁山兄弟面前：我往哪里去，我往哪里走？

但天王晁盖没有这个思考，从他的性格和一贯做派来看，他不屑于、也不可能给梁山提出一个发展的战略规划。晁盖老大对于梁山的概念就是聚义，兄弟们“大碗喝酒，大块吃肉，大块分金银”，仅此而已。但随着队伍的不断扩大，越来越多的兄弟都在想一个问题：我们到底是以“聚义”为目的，大家就这么一直混下去，永远做贼，永远当黑社会，还是“权借水泊暂栖身”，谋一条有前途的金灿灿的出路？

在这种局面之下，宋江必须为他的一众兄弟找到一条出路。这才是宋

江的理想所在，也是宋江的责任心所在。

刘亚洲先生从“提出新的发展愿景”的角度进行了分析，认为“宋江在相当层面上，给一群强盗点亮了心中的希望之灯，套句话说是制订了群体奋斗目标”（《水浒潜规则》第三章“小权位，大权谋”）。

愚以为刘先生的分析极为正确，但总觉得有点不够明晰，语焉不详：

这个新的发展愿景怎么样？

这个一群强盗的希望之灯在哪里？

这个群体奋斗目标究竟是什么？

几年前，在网络上看到一篇文章《宋江的HR技巧》，有一段论及“梁山泊未来发展路线”，如今重读，深以为然。

在梁山泊未来发展路线问题上：最终要起义造反，还是“只反贪官不反皇帝”，可以说还处于混沌状态，到了不得不澄清的阶段。宋江没有丝毫犹豫，运筹领袖智慧，实践文化管理，抓住对人性的研究与精神指引，即时提出了组织使命蓝图，那就是要“替天行道”，这就是方向，这就是准则，打家劫舍也好，攻城略地也罢，都是为了这样一个崇高的使命而奋战的，甚至在与朝廷对抗时，宋江也常义正严词口耳相传，用这一价值观影响敌友；并且在梁山上树起“替天行道”的大旗，设立“忠义堂”议事厅，集口碑传播与视觉传播于一体。

（据 http：//info. china. alibaba. com/news/detail/v0 - d6133166 - p2. html）

宋江提出“替天行道”的口号，并把“聚义厅”改为“忠义堂”，使水泊梁山第一次有了一个比较明晰的战略目标。

聚义，是为正义事业而聚集在一起。但在梁山，则更多的是指为了义气、情义一起活动。其实就是大家混在一起，混一天是一天，混天聊日，永远混黑社会。

忠义，是指有忠心和义气。忠在义前，自然是首先效忠朝廷，其次才兄弟义气。

“替天行道”加上“忠义堂”，这就很明确了，那就是：“招安。”

其实早在戴宗劝石秀上山时，就曾说过：“如今论秤分金银，换套穿衣服，只等朝廷招安了，早晚都做个官人。”（第四十三回“锦豹子小径逢戴宗，病关索长街遇石秀”）看来，对于“招安”这条路，很多人都是有考虑的。随着越来越多的投降军官的加入，有“洗白自己”这种想法的人变的更多。

但明确提出“全伙受招安”，与树起“替天行道”的大旗、改“聚义厅”为“忠义堂”，毕竟还是有很大的不同，兄弟们能不能接受，宋江心里没有底。

## 五、“菊花之会”

于是，在正式执掌水泊梁山的那年秋天，重阳节近的时候，宋江组织了一次大规模的民意测试。“叫宋清安排大筵席，会众兄弟同赏菊花，唤做菊花之会。但有下山的兄弟们，不论远近，都要招回寨来赴筵。”（第七十回“忠义堂石碣受天文，梁山泊英雄排座次”）

在这个“菊花之会”即将结束的时候，宋江“一时乘着酒兴”，当场作《满江红》一词，并当即令乐和单唱：

喜遇重阳，更佳酿，今朝新熟。见碧水丹山，黄芦苦竹。头上尽教添白发，鬓边不可无黄菊。愿樽前长叙弟兄情，如金玉。

统豺虎，御边幅。号令明，军威肃。中心愿，平虏保民安国。日月常悬忠烈胆，风尘障却奸邪目。望天王降诏早招安，心方足。

在这次处心积虑的测试中，尽管武松、李逵、鲁智深等表示反对“招安”，而且李逵还踢碎了桌子，但其他兄弟并没有提出异议。特别是宋江在所谓“酒醒”之后，再次解释：“今皇上至圣至明，只被奸臣闭塞，暂时昏昧，有日云开见日，知我等替天行道，不扰良民，赦罪招安，同心报国，青史留名，有何不美！因此只愿早早招安，别无他意。”而众兄弟的反应则是“皆称谢不已”。

应该说，“菊花之会”这场民意测验，尽管“当日饮酒，终不畅怀”，但让宋江基本掌握了梁山兄弟对于“招安”的政治态度，极大地坚定了他“梁山泊全伙受招安”的决心与信心。

谁都知道，造反是没有出路的。造反之后，还想漂白自己，只有一个办法，那就是，跟着宋江哥哥接受朝廷招安。只有招安了，梁山这百十号人才可以继续做良民，道路不但宽阔，还前途一片光明。梁山这帮子人，大多数都是良民出身，并无十分劣迹，有的原本就是朝廷将领，谁不愿意跟公明哥哥走这条光明大道呢。宋江一旦说明要“招安”，众兄弟“皆称谢不已”，已经说明了一切。

当然，至于以正义之师的名份征讨方腊，宋江一伙到底是以悲壮结局圆满完成了自己“替天行道”的愚忠使命，还是最终实现了其“报效朝廷”的人生终极意义，这是后话，更属于另外一个话题。

但是请注意，宋江公然祭出“替天行道”的大旗，把“聚义厅”改为“忠义堂”，是在晁天王死后，他“权居此位”后的第一次全体大会上说出来的。可是，这些重大举措又“岂是临时猝办之言”（金圣叹批语）？必定是深思熟虑，久谋于心的。可是那时，梁山的一把手还是晁天王。

这就有了三个问题。

第一个问题是，这些关乎组织命运和发展方向的重大问题，决策权是在一把手的手里面的。作为二把手的宋江，一旦触及，便是越位。

第二个问题是，当宋江还是二把手的时候，这些久谋于心的东西，会不会表露于外？这就带来了第三个问题。

第三个问题，宋江久谋于心的东西一旦有所表露，作为组织一把手的晁天王会作何感想呢？

而实际上，宋江的这些由于责任心所表露出来的越位，确实严重影响到了一把手晁天王对他的看法。在晁天王看来，宋江的这些越位，是缘于他的忠诚度——宋江的忠诚度是有问题的。

## 六、宋江的“五宗罪”

晁天王怀疑宋江的忠诚度，是有根据的。

第一，不请示，自作主张。

宋江这个人，一贯自以为是，自作主张，工作中的一些大事，从来是不经授权，就越权拍板，事前不向身为一把手的晁天王请示。这明显是不把一把手放在眼里。

当他带着一帮人马上山之际，即语出惊人：

“休分功劳高下，一行旧头领去左边主位上坐，新到头领到右边客位上坐。待日后出力多寡，那时另外定夺。”（第四十回“宋江智取无为军，张顺活捉黄文炳”）

宋江这句话，道理是不错。也就是说，不管以前功劳、资历如何，以前的排名统统不算，以后按照功劳，重新考核，再评定座次。

但是他这一开口，“便将晁盖从前号令一齐推到，别出自己心裁”（金圣叹批语），否定了按资历坐位的旧规矩。刚加入组织，就目无一把手，晁天王心里肯定是大大的不爽。按你这种排法，我这边只有 9 位老兄弟，你那边有 27 位，怎么，顾盼自雄吗？

第四十三回“锦豹子小径逢戴宗，病关索长街遇石秀”，朱富的弟弟朱贵和李云上山后，晁盖便叫两个新到头领去左边白胜上首坐定。这正是晁盖对宋江自作主张的不满和回击。

三打祝家庄后，他又不经请示，擅自把一丈青扈三娘许配给矮脚虎王英。晁盖口里称颂他“真乃有德有义之士”，心里恐怕会另有一番滋味吧。

高太尉大兴三路兵，梁山商议迎敌之策。晁盖还没有开口，宋江已经开始安排：“我自有调度。”在晁盖看来，这可是越发严重了。

第二，不汇报，擅权行事。

宋江这个人，每次外出征战，向来是不达目的，誓不回山。但是每次征战，都事关梁山存亡。晁盖作为一把手，需要了解事情的进度、施加自己的影响。宋江却一概不做汇报，不来沟通，擅权行事。

祝家庄之役，初战失利，他去联络李家庄的李应，因为“请李应上山入伙”本就是此战的目的之一，倒没有什么。但他在再战仍然失利的情况下，仍然没有向总部报告战况，即便是送一丈青扈三娘回山，也没有安排汇报。还是晁盖“多听得他先次进兵不利，特地使将吴用并五个头领来助战”，才扭转了战局。

高唐州之战，宋江折了人马，与吴用商议“快教人去蓟州寻取公孙胜来，便可破得高廉”。可是公孙胜在离开梁山泊之前，便已经身居领导层，排名非常靠前，如今山上领导格局已经发生变化，他再回来，安置问题便

是梁山泊的一件重大事情。按理说，这类大事，宋江无论如何也得和天王沟通一下。实际上，宋江却是在没有获得任何授权的情况下，当即派戴宗、李逵前去寻找。

宋江这种沟通缺失的后果是极为严重的。

第三，不谦虚，突出个人。

宋江这个人，表现欲特强，热衷于宣传个人，忽视领导存在，从来不注意维护晁盖天王的影响力和威望。

晁盖率领一众兄弟，劫法场救得宋江上山，要把大位让给宋江，宋江竟然这样推辞："仁兄，论年龄，兄长也大十岁，宋江若坐了，岂不自羞。"推让的理由竟然是晁盖的年龄比自己大！这不明显是以功劳自居么。那意思，当初若不是咱老宋担那血海般干系，救得你等七人性命上山，焉有今日之众？咱家才正经是山寨之恩主。今天不做一把手，是因为晁老大年龄比我大，你们诸位明白咱老宋的意思不？

第四十三回"锦豹子小径逢戴宗，病关索长街遇石秀"，朱富的弟弟朱贵劝李云上山时，说："你如何不知山东及时雨大名，专一招贤纳士，结识天下好汉？"戴宗劝石秀上山时，也说过"因一口气去投奔了梁山泊宋公明入伙"。第四十五回"病关索大闹翠屏山，拚命三火烧祝家店"，石秀劝杨雄上山时，说的还是"如今天下江湖上皆闻山东及时雨宋公明招贤纳士，结识天下好汉，谁不知道"。后来第五十回，雷横向朱仝诉说自己的遭遇时，也说"自从哥哥救了性命，和老母无处归着，只得上梁山泊，投奔了宋公明入伙。"

可是，他们在说这些话的时候，却不知道是不是忘记了，梁山的老大是晁天王。

到了第四十六回"扑天雕两修生死书，宋公明一打祝家庄"，杨雄、石秀投托入伙时，晁盖实在是忍无可忍了。他暴喝一声："孩儿们将这两个与我斩讫报来！"很多人认为晁盖的这个举动是因为杨雄、石秀与时迁给梁山抹了黑，坏了梁山的名声，其实真正的原因是晁盖的愤怒："你们既然是为了宋公明才投奔梁山的，且把梁山泊好汉的名目去偷鸡吃，因此连累我等受辱，那我就斩了你们！"这一招，杀的是杨雄、石秀，打的却是宋江的脸：他们都是奔着你宋公明来的，看看你招来的都是些什么东西！

宋江这类自作主张的事情，还有很多。

第四十九回“吴学究双掌连环计，宋公明三打祝家庄”，李应上山之后，他竟然擅自“喝叫小头目快杀牛宰马，与大官人陪话，庆贺新上山的十二位头领”。

第五十一回“李逵打死殷天锡，柴进失陷高唐州”，雷横、朱仝入伙，他仍然是擅自请他们“山顶下寨”。

到了第五十三回“入云龙斗法破高廉，黑旋风下井救柴进”，营救柴大官人上山之后，晁盖再没让宋江作主，而是“教请柴大官人就山顶宋公明歇处，另建一所房子与柴进并家眷安歇”。晁盖的意思很明确：第一，这样的事情原本就该由我做主；第二，笼络人心的事情，不光你宋公明会做，我晁老大也会；第三，由我来做这样的事情才符合山寨的规矩，也才合乎我们这一伙黑社会的体制。金圣叹批语：“每一人上山，必特书宋江牢笼作自己心腹，今此独书出自晁盖，岂晁盖至此已悟耶?”

突出个人，忽视领导的存在，必然导致归属缺失

第四，不实在，装神弄鬼。

梁山泊上因为宋江上山，并出任二把手，大吹大擂，且吃庆喜筵席。此时宋江口出狂言：

“叵耐黄文炳那厮，事又不干他己，却在知府面前胡言乱道，将那京师童谣解说道：‘耗国因家木’，耗散国家钱粮的人，必是家头着个‘木’字，不是个‘宋’字？‘刀兵点水工’，兴动刀兵之人，必是三点水着个‘工’字，不是个‘江’字？这个正应宋江身上。那后两句道：‘纵横三十六，播乱在山东。’合主宋江造反在山东。以此拿了小可。”（第四十回“宋江智取无为军，张顺活捉黄文炳”）

这哪里是感谢兄弟们的舍命相救，分明说是自己应了谶语，命系于天么！后来，宋江又编造在还道村“受三卷天书，遇九天玄女”的故事，进一步神话自己。

哼哼，搞这些篝火狐鸣一类的伎俩，你以为兄弟们不知道吗！

第五，不光明，结党营私。

在晁盖看来，你宋江字公明，却是既不公，也不明。

第四十六回“扑天雕两修生死书，宋公明一打祝家庄”，梁山泊要攻打祝家庄，宋江要“亲领一支军马”，吴用说“公明哥哥之言最好”。三把手联合二把手否定一把手的意见，晁盖能不起疑？

第五十回“插翅虎枷打白秀英，美髯公误失小衙内”，祝家庄之战胜利后，“晁盖、宋江回至大寨聚义厅上，起请军师吴学究定议山寨职事”，竟然是“吴用已与宋公明商议已定”，这能不引起晁盖的警觉？

第五十七回“三山聚义打青州，众虎同心归水泊”，因孔亮上山求救，商议攻打青州，晁盖想亲自率军前去，宋江不让，说“这个是兄弟的事”。当宋江提出“情愿请几位弟兄同走一遭”时，说言未了，厅上厅下一齐都道：“愿效犬马之劳，跟随同去。”这个时候，宋江羽翼已成，晁盖焉能不心惊？

你借手握梁山兵权之便，结党营私，拉小圈子，培养自己的死党，这不是抢班夺权的前兆又是什么！

宋江的“五宗罪”，与其说是来自宋江的主观努力和有意为之，倒不如说是一种客观上的策略性失误。

不幸的是，公明哥哥的这些客观上的策略性失误，却在客观上促成了天王之死。

## 七、晁盖之死

应该说，真正引起晁盖高度警惕的，还是宋江动辄以“山寨之主岂可轻动”为由，不让他下山征战。

攻打祝家庄，晁盖要“亲领军马去洗荡了那个村坊”，宋江说：“只是哥哥是山寨之主，岂可轻动。”金圣叹批语：“自此以下，凡些梁山兴师建功，宋江悉不许晁盖下山。”

攻打高唐州，晁盖提出要“亲自去走一遭”，宋江说：“哥哥是山寨之主，如何可便轻动。”金圣叹批语：“宋江自到山寨，便软禁晁盖，不许转动，而又每以好语遮饰之，权诈可谓如画。”

攻打青州，晁盖说：“三郎贤弟，你连次下山多遍，今番权且守寨，愚兄替你走一遭。”宋江说：“哥哥是山寨之主，不可轻动。这个是兄弟的事。既是他远来相投，小可若是不去，恐他兄们心下不安；小可情愿请几

位弟兄同走一遭。”金圣叹批语：“又书晁盖要去，宋江不肯。”

攻打华州，因鲁智深和史进身陷大牢，晁盖听罢，失惊道：“既然两个兄弟有难，如何不救！我今不可耽搁，便亲去走一遭！”宋江道：“哥哥山寨之主，未可轻动，原只兄弟代哥哥去。”金圣叹批语：“又书宋江不肯。”

宋江迎战呼延灼，大败于连环马，“计点众头领时，中箭者六人：林冲、雷横、李逵、石秀、孙新、黄信；小喽啰中伤带箭者不计其数”。晁盖下山慰问，一方面“便传号令，分付水军，牢固寨栅船只，保守滩头，晓夜堤备”，另一方面“请宋公明上山安歇”。

也许，这个时候，晁盖有调整甚至收回宋江兵权的意思。但出乎晁盖意料的是，宋江“不肯上山，只就鸭嘴滩寨内驻扎”。这个时候，晁盖才发现，他已经动不了宋江了。

不仅动不了，也离不开了。

宋江外出征战，他连一个小小的混世魔王樊瑞都没有办法对付：勇猛战将、智谋之士全部被宋江带走，他手下已经无将可使、无兵可用了。无奈何，只得“权时搁起”，等宋江回来再说。

就在这时，新来入伙的小弟郁保四弄匹马都要献给宋江，完全没有把天王晁盖放在眼里。

晁盖的一腔怒火终于爆发了。

愤怒之后，他要亲征曾头市，收回兵权，展示实力：“这畜生怎敢如此无礼！我须亲自走一遭！不捉得这畜生，誓不回山！我只点五千人马，启请二十个头领相助下山；其余都和宋公明保守山寨。”（第五十九回“公孙胜芒砀山降魔，晁天王曾头市中箭”）

奇怪的是，晁盖点将下山时，一贯阻拦的宋江却没有阻拦，“宋江与吴用、公孙胜众头领就山下金沙滩饯行”。在晁盖心里，吴用、公孙胜这两大军师，还有宋江身边的一众亲信，他是一个也用不动、也不敢用了。但作为旁观者，我们是不是甚至还可以说，宋江已经不让他或者不准备让他用了？

晁盖亲征曾头市，结果身中毒箭而亡。金圣叹在此回前批曰：“何独至于打曾头市，而宋江默未尝发一言？宋江默未尝发一言，而晁盖亦遂死于是役。”

至于到底是谁用毒箭射中了晁盖，晁盖就是想深究恐怕也不可能。我们如果想深究，恐怕后背上会淌下一溜冷汗的吧？

但这个时候，晁盖对于宋江，对于梁山的未来，应该有过比较深刻的思考。

本来，从出任二把手开始，宋江事实上主导了梁山的事业，水泊梁山的大小战事，基本上都是在宋江的主导下进行的，晁盖的天王位置更多是名义上的，宋江接班应该只是时间问题。

也就是说，梁山的未来确定于宋江，这一班兄弟将来何去何从，也是由宋江说了算的。

但是宋江的表现让晁天王很不放心。因为在晁盖看来，宋江对梁山前途的看法和自己是不一致的。

问题是，在晁盖死后，宋江要接掌梁山泊，是任何人也阻挡不了的事。

晁盖现在能做的，只能是在宋江接班的合法性、合理性上做文章。

## 八、接班之路

弥留之际，原本“已自言语不得”的晁盖忽然醒了过来，嘱咐宋江道：“贤弟莫怪我说：若那个捉得射死我的，便教他做梁山泊主。”

谁能为他报仇，谁就是梁山之主。也许，“在他看来，有本事捉得史文恭者，一定有勇有谋。有勇，就不会投降；有谋，就能找到出路。”（易中天《帝国的惆怅·水浒四章》）

然以鄙人看来，问题的关键并不在于此，而在于“众头领都听了晁盖遗嘱”——这几乎就是公开说明，自己确定的接班人不是宋江了。

这对于二把手宋江来说，简直就是当头一棒。因为这遗言，他是不能顺理成章的继位的。

于晁盖大位一直虎视耽耽的宋江这才发现，那把椅子距离自己竟然是咫尺天涯！

宋江为了当上合法合理、名正言顺的一把手，费了老大功夫。

第一步，遗嘱制约，临时代理。

晁盖一死，宋江很伤心。

这时，梁山的守护神林冲大哥展露出了夺目的光彩。他先是“把枝誓箭，就供养在灵前”，接下来，与吴用、公孙胜并众头领商议立宋公明为梁山泊主，召集全体会议，并率先发言：“国一日可无君，家一日不可无主。晁头领是归天去了，山寨中事业，岂可无主？四海之内，皆闻哥哥大名；来日吉日良辰，请哥哥为山寨之主，诸人拱听号令。”

必须承认，林冲提出的是建设性意见。但就是这个建设性意见，摆明了是一举堵死了宋江的寨主直通车。

林冲的意思很明确：你当寨主，我同意，但必须遵照晁盖遗言，为他报仇。

在当时的情况下，晁盖的临终遗言，至少在名义上还是制约梁山的新天王的当选的。所以，在一番推脱后宋江只能“临时代理”水泊梁山的第三任天王。但晁盖的临终遗言，却像一根绳子，紧紧地捆住了宋江。

宋江“临时代理”梁山首领，但却不能攻打曾头市。攻打曾头市，若是其他人捉住了史文恭怎么办？如果谁捉住了史文恭宋江肯定会让位，而且宋江也说过，报仇了之后再确定老大的正式人选。但其他人肯定不会也不敢做老大。这样谁还敢去捉住史文恭？可是大仇又不能不报，捉不住史文恭，他这个“临时代理”就没有了法理基础。竟然形成了一个“怪圈”！这可真是纠结，真是难死人了。

第二步，以拖待变，争取主动。

然而换个角度看，对于如何破解“晁盖遗嘱”，宋江还是有办法的。易中天先生论及此时就曾说：

“晁盖并不蠢。他也心知肚明，清楚这终非长久之计，可惜又拿不出更好的办法，只好过一天算一天，或者寄希望于来人。在他看来，有本事捉得史文恭者，一定有勇有谋。有勇，就不会投降；有谋，就能找到出路。

这当然是个办法，可惜行不通。因为那捉得史文恭者，如果是山寨中人，岂肯颠覆宋江的领袖地位；如果是山寨外人，又怎么颠覆得了？显然，不管是谁捉得史文恭，也仍得让宋江去坐那头把交椅。所以，晁盖的如意算盘，几乎注定要落空。”（《帝国的惆怅·水浒四章》）

宋江的办法就是一个字：拖！以拖待变。具体措施，就是先整顿内部，“如今山寨人马数多，非比往日，可请众兄弟分做六寨驻扎”，然后堵塞众人之口，“本要与晁天王报仇，兴兵去打曾头市，却思庶民居丧，尚且不可轻动，我们岂可不待百日之后，然后举兵?”众头领包括林冲和晁盖的嫡系兄弟，也只能“依宋江之言，守在山寨，每日修设好事，只做功果，追荐晁盖”。

第三步，转移视线，寻找外援。

在为晁盖守丧百日的过程中，他也一直在思考“遗嘱怪圈”的破解之策。一番深入调查之后，宋江开始打起起河北玉麒麟的主意。为了达到目的，他和吴用良心丧尽，手段做绝，终于成功地把卢俊义搞得家破灭，人入狱，断了后路，然后诱骗上山（卢俊义的家产也顺势到了梁山，呵呵。)

然而，卢俊义何许人也！绰号“玉麒麟”，“名震河北”，“棍棒天下无双”，岂是好惹的。

卢俊义虽然无奈上了梁山，但为了报复宋江和吴用，却一脚踢给宋江一个接也不是、不接也不是、烧的火红的碳团儿——还真的就打破曾头市，捉住了史文恭——这大位你到底是让还是不让，我看你怎么做！这下宋江麻烦大了。

当然，从大局上看，毕竟还是宋江赢了：他成功地把他与众头领的帅位之争，变作与卢俊义二人之间的竞争——“遗嘱怪圈”终于被打破了。

第四步，废除遗嘱，荣登宝座。

为了最终解决帅位问题，宋江提出分兵夺城。这看似公平，实际上是彻底废除了晁盖遗嘱。

分兵之时，宋江把盟友吴用、公孙胜派至卢俊义军中，“以愚众人，奇妙之极，夫又安知其不用吴用掣其肘乎?”（金圣叹批语）。果然，宋江旗开得胜，卢俊义却受困东昌府。攻下东昌府，宋江再不推让，便自称梁山尊主了。但宋江通过这个途径荣登宝座，也付出了巨大的代价。卢俊义同意宋江上位，但交换的筹码却是江湖最大黑社会组织的副头领，并且是一个参照分兵夺城、拥有相对独立权的副头领：上得梁山，卢俊义以晚进的外来和尚之身份，不仅坐上了第二把交椅，也成为了梁山总督兵马第一副元帅，忠义堂前也竖起了“山东呼保义”、“河北玉麒麟”两面大旗。

此后的梁山泊，便形成了凡有战事，正副统领分兵独立行事的模式。

当然，这是后话。

## 九、思想有多远，人就能走多远

在解决了晁盖遗言的问题之后，水泊梁山正式进宋江时代。

这个时期是梁山的鼎盛时期，人才济济，亟需对组织结构做一个彻底的调整。但一众兄弟的安排、使用，即便对宋江这个梁山当之无愧的老大，也仍然是个特别头疼的问题。否则也用不着装神弄鬼，拿石碣天书来骗人了。

但由于宋江的前期失误，使他不得不花费巨大的精力和更多的时间，以合法性为前提，在体制内解决自己的任职合理性问题。而这种巨大精力和更多时间的耗费，严重影响了他对梁山队伍的整顿，也严重影响了他对梁山未来道路的探索，更打乱了他的工作节奏。

时间紧迫，容不得宋江再做拖延。他匆匆行事，安排了“石碣受天文”这场大戏，排定了梁山众英雄的座次。

宋江的这个安排，综合考虑了派系平衡、上山前身份和对自己的亲疏程度等各种因素，兼顾个人能力、资历和对组织的贡献，通过“受天文”的形式，利用所谓天意，增强了排位的合法性和神秘色彩。但实事求是地说，也存在重大问题。

而正是这些问题，最终使梁山付出了巨大的代价。

这种代价，集中表现在几个方面：

第一，出于对“晁盖遗嘱”的忌惮，不仅把晁盖排除在三十六天罡之外，也完全排除在了“天文”之外。

这样做，固然是“釜底抽薪”——皮之不存，毛将焉附——没有了晁盖，当然也没有了“晁盖遗嘱”，彻底解决了困扰自己的继位合法性问题。但排除了晁盖，也就等于割裂了水泊梁山的历史。而割裂了水泊梁山的历史，就等于忘记了水泊梁山的过去。

电影《以革命的名义》中，列宁有一句著名的台词：“忘记历史就等于背叛。”

第二，梁山过早关闭了开放的大门，无法再及时吸纳优秀人物加入梁山。

石碣受天文，“我等一百八人，上应天星，生死一处”，不仅给兄弟们排了个位置，也等于公告天下，天上有星宿一百零八颗，梁山有交椅一百零八把，再来新人，上不能应天星，下不能有交椅，恕兄弟无法安置。

梁山从此关上了扩张的大门。

但是事实上，七十二地煞中相当一部分人征战能力一般，专业技术水平也属于泛泛之辈。如负责制作旌旗袍袄军服的侯健同学，仅仅是做得一手裁缝好活；负责城垣建造的陶宗旺同学，只是庄家田户出身，习惯使一把铁锹；负责屠宰的曹正同学，只是杀猪剥牛手段极好；朱贵的弟弟朱富同学不过一厨子，蔡福、蔡庆两位兄弟更不过是普通的行刑刽子手，梁山泊的三代元老宋万、杜迁两位前辈，也都武艺平常。这哪里当得上天上的星宿？

而且，智术之士，不得重用。深藏不露的入云龙公孙胜虽然排名第四、地位崇高，却是空有副军师之名，而无副军师之权；“精通阵法，广有谋略”的神机军师朱武倒是在卢俊义那里得到了重用，可是谁又关注过“颇有谋略，亦能布阵排兵”的神算子蒋敬呢？“为人忠直聪明，极好刀笔”的铁面孔目裴宣，也仅仅是做了一个掌管赏罚的军政司，排名第四十七位。

梁山过早陷入了人才困顿的不利局面。

第三，水军弱小的缺陷未能及时弥补，在南征方腊过程中，暴露出了巨大短板。

梁山水军，是防护梁山的第一道武装力量，也是捍卫梁山利益的特种部队，多次反围剿，梁山的骑兵、步兵都不同程度的打了败仗，唯独梁山水军一次比一次取得的胜利大。而在梁山的马步水三军中，最不受重用的却是水军。

表面上看，天罡星三十六人，水军八杰占据了其中的六席。但从另外一个角度看，智勇双全的水军大头领“混江龙”李俊，上梁山后表现出优秀的领导才能，但因不属于亲近嫡系，仅排名第二十六位，还在马军穆弘之后。穆弘不过揭阳镇上一富绅恶霸，却因与宋江有缘，以铁小弟关系出任梁山马军八骠骑之一。梁山水军的开创者，对梁山立下不世之功的阮氏三雄只能更低。

梁山后来也受制于水军这块短板。在征讨方腊时，因为梁山水军能力不济，加上方腊水军又过于强大，让张顺、阮小二、阮小五等水军大将，莫名其妙地死掉。李俊如果不是得到太湖上神出鬼没的费保等人的帮助，几乎也是一筹莫展（刘亚洲《水浒潜规则》第二章“小公司，大政治”）。

第四，对梁山未来的规划不够严密，回旋空间被严重封堵，最终酿成悲剧。

假如宋江不投降，摆在面前的无非是两条路：一是维持现状，二是“取而代之”。

所谓的“维持现状”，就是尽量巩固和发展水浒根据地。很多人以为，“维持现状”是很难长久地维持下去的，因为随着梁山队伍的不断扩大，吃饭问题就会上升成为梁山的根本问题。

但换个角度想想，“维持现状”也不是没有可能。操作办法，就如后来的张献忠，在“反”与“降”之间从容转换。官府来征剿，能胜则迎战，不能战则投降，投降了就成了官军，供给自然由官府提供。官府不给，就有了再举义旗的理由。官府再来征剿，则开始新一轮的循环。

等到官府实力进一步衰落，自身力量进一步壮大，或一朝“天下有变”，时机成熟，自然就可以考虑另外一条路，“取而代之”——“杀到东京，夺了鸟位”。

这有可能吗？

孟子曰：“是不为也，非不能也。”

换成今天的话说就是，思想有多远，人就能走多远。

宋江如是，梁山也如是。

# 后 记

从事组织工作的那些年，我打交道的对象主要是工作在基层的科级干部和科员级干部。那些年，我经历和体验着自己的成长，更关注着那些辛苦工作的基层干部，那些处在组织金字塔的最低端、政治生态链条里最弱势的群体、和老百姓距离最近的管理者。

拙著《做人·为官·治事·养心》2011 年出版之后，于 2012 年修订再版。然而，不论是各类培训班的学员，还是社会上的热心读者，包括我本人，都觉得似乎意犹未尽，十八届三中全会以来，中央要求党员领导干部要讲诚信、守纪律、懂规矩，基层公务员还要讲求工作的方式、方法和方向。心力是隐形的翅膀，理性对待工作中的困惑，才能分清层次，明辨泾渭。于是，有了写作《理性的力量——基层公务员自我管理手册》这本小书的萌动。

这本书写得很慢。从 2012 年五一假期着手，到最终定稿，用了整整一年。

慢，有两个原因。一是因为忙。工作忙不说，主要是各类培训班的课太多，包括一些企业的员工培训。

二是因为难。主要是难在“案例剖析”部分。本书的主体部分在 2012 年国庆节前已经基本做完，我计划在国庆节长假期间写完三个案例。但是一下手，才发觉不是那么容易，一个假期仅仅是完成了“水泊梁山的二把手”一篇。2013 年春节假期，加上清明节假期，才勉强写完了第二篇“阴谋序曲中的老实人”。到咬着牙写好第三篇“大观园里的 CEO”，已经是过了 2013 年的五一假期。前后用了七个多月。

但是，慢有慢的益处。在整整一年的思考和写作过程中，我本人和一些对这个专题抱有浓厚兴趣的朋友，都愈发感觉到了我们在责任心、信任度、胜任力方面的严峻现实和窘迫境况，也使得我们在思维方式、认识方法、前进方向等方面，更加强烈地意识到了提高、提升和提纯的重要性和

紧迫感。

五柳先生《归去来兮辞》有云："悟已往之不谏，知来者之可追；实迷途其未远，觉今是而昨非。"昔年未知其深意，不意竟为今日心境之写照。

然"既自以心为形役，奚惆怅而独悲"？翻过这座山，便是"舟遥遥以轻飏，风飘飘而吹衣"。

书稿成后，搁置了一年半之久。我之本意，乃是为有沉淀之期，以求更好。

特别感谢本书策划闫书会先生，我们从《〈韩非子〉组织管理的"权"与"谋"》一书开始合作，至今不曾间断。闫先生器宇宏阔，办事谨细，对我而言，不惟是惺惺之意，更多具奖掖之诚，实为良师益友之属。

书中引用和选录了一些相关文章，在此一并向作者致谢。

张凤池

2015 年元月